企业核心竞争力的计量经济研究
——以第三方汽车物流企业为例

葛 梅 著

知识产权出版社
全 国 百 佳 图 书 出 版 单 位

图书在版编目（CIP）数据

企业核心竞争力的计量经济研究——以第三方汽车物流企业为例/葛梅．—北京：知识产权出版社，2016.11

ISBN 978-7-5130-4595-7

Ⅰ.①企…　Ⅱ.①葛…　Ⅲ.①汽车企业—物流企业—核心竞争力—研究—中国

Ⅳ.①F426.471

中国版本图书馆 CIP 数据核字（2016）第 273009 号

内容提要

本书以推动第三方汽车物流企业成长的竞争能力为切入点，对第三方汽车物流企业核心竞争力进行系统研究：中国第三方汽车物流企业的核心竞争力如何识别，哪些因素影响着中国第三方汽车物流企业的核心竞争力，以及如何培育中国第三方汽车物流企业的核心竞争力。本书所提出的成果有直接参考价值和实际指导意义，可直接应用于汽车产业及第三方汽车物流企业，帮助企业更全面、深入地了解自身核心竞争力，选择适合的发展战略，在竞争中更好地发挥自身优势。

责任编辑：彭喜英　　　**责任出版**：孙婷婷

企业核心竞争力的计量经济研究——以第三方汽车物流企业为例

QIYE HEXIN JINGZHENGLI DE JILIANG JINGJI YANJIU——YI DISANFANG QICHE WULIU QIYE WEILI

葛　梅　著

出版发行：	知识产权出版社有限责任公司	**网　　址**：	http：//www.ipph.cn
电　　话：	010-82004826		http：//www.laichushu.com
社　　址：	北京市海淀区西外太平庄 55 号	**邮　　编**：	100081
责编电话：	010-82000860 转 8539	**责编邮箱**：	pengxyjane@163.com
发行电话：	010-82000860 转 8101/8029	**发行传真**：	010-82000893/82003279
印　　刷：	北京中献拓方科技发展有限公司	**经　　销**：	各大网上书店、新华书店及相关专业书店
开　　本：	720mm×960mm　1/16	**印　　张**：	14.5
版　　次：	2016 年 11 月第 1 版	**印　　次**：	2016 年 11 月第 1 次印刷
字　　数：	200 千字	**定　　价**：	48.00 元

ISBN 978-7-5130-4595-7

目　录

第一章　绪　论

第一节　研究背景

一、研究背景

20 世纪 90 年代以来，世界经济不断走向融合，经济全球化已成为世界经济发展的趋势。经济全球化直接影响着中国企业所处的经营环境，改变着企业的经营方向、经营内容和经营模式。随着中国经济的快速发展和人民生活水平的日益提高，中国汽车消费市场出现了持续性的高速增长。中国汽车消费市场的兴旺带动了中国汽车工业生产的高速发展，吸引了国内外资本对汽车产业及相关领域的大规模投入，近年来中国汽车生产企业通过引进技术、资金、先进的管理，整体水平得到了大幅度的提升。但汽车生产企业之间的竞争也随之加剧，这种竞争不仅表现在汽车产品的设计、技术、生产和销售层面，而且还延伸到了供应链环节之间。加之物流企业一直以来有着“第三利润源”之称，汽车物流越来越受到汽车生产企业的重视。

随着中国经济的发展，汽车市场的巨大潜力吸引了大量的国外汽车制造商进入中国市场。这些国外汽车制造商不仅输入先进的汽车生产技术和管理经验，同时还引进了现代物流理念与第三方物流的运作方式。例如，上海大众汽车集团公司引入荷兰天地物流公司，广州本田汽车公司引入日本的日捆物流公司，北京的现代汽车引入韩国 GLOVS 物流公司。这些国外汽车物流企业协同国内汽车制造商一起在中国进行汽车生产，获得巨大的利润。总之，国外资本和技术的介入使得汽车物流市场呈现出国内国际化、国际竞争国内化的态势，这导致了中国汽车物流企业所面临的竞争日益加剧。

中国已实行市场经济多年，但汽车物流还一直处于较为独立和封闭的状况，这主要是因为过去中国汽车生产企业的产量和销量并不高，汽车产品更新换代周期比较慢，物流只是作为汽车生产的配套功能，完全受控于汽车生产企业。也就是说，汽车物流只是整个汽车生产供应链中的一个环节。面对汽车市场的巨大利润以及国外汽车商的竞争，中国汽车生产企业开始重视对供应链物流环节的管理，开展了供应链物流运作的变革，把物流从过去只是配套协同生产的功能，开始转向经营功能。它们对原有的物流配套服务体系进行改造，将物流部门从组织机构中剥离出去，按第三方物流的模式进行运作与核算。中国汽车生产企业正处在一场供应链管理模式的变革中。在这场变革中，中国的汽车生产企业无论从理念的认知上，还是运营模式上，以及核心竞争力的培养与提升上都将有所提升。

但是，由于目前中国汽车产业还没有形成一个比较完整的体系，第三方汽车物流企业的发展更是处于起步阶段。无论在汽车供应链物流管理知识与能力上，还是在人才与技术上，第三方汽车物流企业的成长都受到了一定的限制，发展的速度比较缓慢。近年来在汽车物流市场的竞争中，为数不多的中国第三方汽车物流企业得到了快速的提升和发展，成为跨地区和行业中的品牌企业。但是，大多数中国第三方汽车物流企业在竞争中因亏损而倒闭或者被低价兼并收购。原本就处于成长阶段的第三方汽车物流企业，既要与本国第三方物流企业竞争，还要与有国外资本背景的汽车物流企业竞争。因此，对中国第三方汽车物流企业而言，面临的首要问题是如何适应激烈的市场竞争，如何在竞争中求得生存和发展的机会。

二、理论背景

从 20 世纪 50 年代开始，国外学者就开始了企业竞争理论研究。构成企业竞争理论主体的一些基本理论与方法都是产生于这一时期，如著名的安索夫产品市场矩阵、波士顿咨询公司的 BCG 矩阵、通用电气的 GE 九方图、拉依斯的业界地位竞争理论，以及 SWOT 分析和 PEST 分析等，这些理论构成了企业战略管理的基本内容和框架。他们通过综合分析企业的内外部环境，制定企业发展战略。但是，这些早期的战略理论都是建立在当时特定的企业竞争环境之下，其假设前提也是在整个产业结构是稳定的、可识别的情况之下。另外，这些理论假定产业组织之间呈现简单线性关系，忽视企业组织与环境的交互作用。因而其应用性具有较大的局限性。

到了 20 世纪 80 年代初，企业战略理论进入以市场结构为中心的竞争理论阶段。这个阶段的代表人物是迈克尔。他的重要理论包括：一是五种力量行业结构竞争模型（同业者、替代业者、潜在业者、购买者和供应者）；二是基本战略理论（成本优势战略、差异化优势战略和集中优势战略）；三是国家行业竞争力模型。M. 波特理论将竞争分析的注意力重点放在行业，认为行业的吸引力是企业盈利水平的决定性因素，市场结构分析是企业制定竞争战略的主要依据。随着企业战略理论研究与实证分析的不断深入，人们认为波特的理论过于强调外部环境及企业在产业环境中的地位，忽略了竞争优势的企业内在来源。同时，相关的实证研究也显示：在同一产业内，企业间的利润差距并不比产业间的利润差异小。在没有吸引力的产业中，也可以存在利润水平很高的企业，而在吸引力很高的产业也有经营状况不佳的企业。因此，企业自身的因素对于其竞争优势的确立应该具有非常关键的作用。一些研究者便将探索竞争优势的着眼点转移到了企业内部，并开始从企业自身素质上寻找竞争优势的来源。

进入20世纪90年代以来，企业战略理论进入以企业素质为中心的竞争理论阶段。这种竞争理论强调：企业竞争力的注意力应集中到企业自身上来，以培育企业核心竞争能力为主要方向，以创造企业可持续的竞争力优势为战略目标，不断提高企业自身素质，确保企业在激烈的竞争环境中长盛不衰。该阶段的代表人物是美国密西根大学商学院教授普拉哈拉德（C. K. Prahald）和伦敦商学院教授哈默尔（G. H. Hamel）。他们1990年在《哈佛商业评论》上发表了名为*the Core Competence of the Corporation*的论文。在这篇著名的论文中，他们提出了“核心竞争力”的概念，随后掀起了一场关于企业核心竞争力的研究热潮。核心竞争力理论于是成为欧美管理学界和企业界战略管理的主流理论，从而标志着企业战略管理理论进入了一个新纪元，即基于核心竞争力的企业战略管理阶段。

第二节　研究问题与研究意义

一、研究问题

通过对现实与理论的考察，本书发现中国第三方汽车物流企业亟待解决的问题是在激烈的市场竞争环境中如何生存和发展。

第三方汽车物流企业作为新兴的行业，面临着机遇和挑战，核心竞争力理论将为企业取得竞争优势提供有利的理论支撑。但遗憾的是，当前却缺少对于第三方汽车物流企业核心能力的研究，为此，本书以此为切入点，重点探讨以下三个方面的问题：

第一，中国第三方汽车物流企业的核心竞争力如何识别；

第二，哪些因素影响着中国第三方汽车物流企业的核心竞争力；

第三，如何培育与提升第三方汽车物流企业的核心竞争力。

二、研究意义

中国汽车生产企业市场格局正在发生重大变化，物流活动是汽车生产和销售过程中的重要一环，涉及汽车物流领域的第三方物流企业越来越多，企业之间的竞争也越来越激烈，但关于第三方汽车物流企业核心竞争力的培养与提升的研究相对薄弱。

第三方汽车物流企业之所以有别于传统的运输或其他供应链服务企业，主要是因为汽车产业所涉及的物流服务，即运输、储存、包装、装卸、配送、流通加工、信息处理等各个环节。汽车物流所涉及的是衔接得十分流畅的高技术物流行业，是国际物流业公认为最复杂、最具专业性的物流领域。正是因为汽车物流的复杂性，汽车物流在整个物流体系中，属于最为独特的、最有代表性同时也是门槛最高的，许多传统的大型物流企业由于缺乏专业化知识和专业化服务尚未能进入这一领域。

当前新兴第三方汽车物流企业在资金、技术、人才、物流资源以及社会的认可度等方面都是最为薄弱的。特别是与汽车生产企业自营物流模式相比，它与汽车生产企业之间没有血缘关系，不掌握汽车生产过程中物流资源的所有权，所提供的服务与汽车生产企业的要求存在一定距离，更易受到内外竞争的威胁。因此，如何求生存和发展成为第三方汽车物流面临的关键问题。

本书从推动第三方汽车物流企业成长的竞争力为着手，对第三方汽车物流企业核心竞争力进行系统研究，具体意义体现在以下几点：

第一，本书有助于认清汽车产业供应链管理变革趋势，有利于提高中国第三方汽车物流企业对培养与提升核心竞争力重要性的认识。

通过系统分析中国汽车物流业目前的基本状况，就第三方汽车物流业的产业环境进行深入探讨。近年来中国汽车产业已经进入了全面发展的新阶段，主要表现为：学习和接受现代物流理念，将主要精力放在研发和营销上，物流不再单一地为生产配套而是独立经营，物流外包，以及引入第三方物流等为代表的汽车产业供应链管理变革。这些都为第三方汽车物流企业带来了新的发展机遇。本书有助于第三方汽车物流企业认清汽车产业供应链管理变革趋势，有利于提高对培育与提升核心竞争力重要性的认识，推动第三方汽车物流企业的持续发展。

第二，本书有助于第三方汽车物流企业对现代物流理念的正确理解，有利于指导企业实施基于核心竞争力的战略，从而使企业增强竞争意识和竞争能力。

企业间竞争的实质就是核心竞争力之间的长期较量，具备了核心竞争力的企业就能在竞争中取得可持续的竞争优势。面对汽车产业自营物流和中外合资物流等多种不同体制模式的竞争，第三方汽车物流企业应该把培育与提升企业核心竞争力作为重要发展战略目标，以适应汽车产业供应链管理变革过程中对物流服务新的需求，提升第三方汽车物流企业在汽车产业物流市场中的竞争优势，使企业在竞争中持续、快速、健康地发展。

第三，本书有助于汽车产业供应链环节相关企业、金融部门、政策制定和决策部门对第三方汽车物流企业的了解和支持，有利于中国第三方汽车物流企业培育与提升核心竞争力过程中快速成长。

第三方汽车物流企业的整体发展水平影响着汽车产业的发展水平，也影响着一个地区和国家整体经济的发展水平。第三方汽车物流企业核心竞争力直接影响汽车生产企业产品质量和价格的竞争力。通过对第三方汽车物流企业核心竞争力研究，为汽车产业供应链环节企业正确认识当前汽车物流发展的经营环境和发展趋势，树立现代物流理念，支持第三方汽车物流企业在经营过程中依据自身企业所处的市场地位，扬长避短，审时度势，把握时机，在激烈的汽车物流市场竞争中快速发展。

第四，本书有助于丰富和完善第三方汽车物流企业核心竞争力理论体系，有利于第三方汽车物流企业在培育与提升核心竞争力方面进行理论与实践探讨。

第三方汽车物流企业不同于一般物流企业，它刚脱胎于汽车生产企业，目前还没有形成一个比较完整的体系，第三方汽车物流的发展也还处于起步摸索和变革阶段。本书对第三方汽车物流企业核心竞争力的系统研究，不仅理论意义，更具有实践的应用价值。本书提供的核心竞争力理论和方法的支持，将会有力推动第三方汽车物流企业核心竞争力的更深入、更广泛的研究。

本书所提出的成果具有直接参考价值和实际指导意义，可直接应用于汽车产业及第三方汽车物流企业，帮助企业更全面、深入地了解自身核心竞争力，选择适合的发展战略，在竞争中更好地发挥自身优势。

第三节　研究方法与研究途径

本书的创新点表现在以下两个方面。

第一，从第三方汽车物流企业的核心能力识别入手，进行竞争力培育与提升研究。

本书在对企业核心竞争力理论进行系统回顾的基础上，通过对第三方汽车物流企业培育核心竞争力的内外环境因素进行研究，运用企业核心竞争力的理论和方法，描绘出第三方汽车物流企业核心竞争力形成的过程图，围绕当前汽车产业物流市场专业化服务需求，提出了第三方汽车物流企业在培育核心竞争力过程中三个核心要素。通过运用重点突出的研究视角，将以组织创新与培育企业核心竞争力结合起来进行逻辑推演，揭示第三方汽车物流企业核心竞争力形成的机理、表现形式、影响因素，提出培育核心竞争力的方法和具体实施措施。

第二，提出了组织创新是当前第三方汽车物流企业构建核心竞争力过程中最突出的主要因素，并通过文献与实践的研究与思考，将第三方汽车物流企业的组织文化、人力资源因素、市场导向与企业的核心竞争力纳入一个模型中，并通过实证研究发现组织文化、人力资源因素、市场导向等因素对于企业的核心竞争力没有显著的影响作用，而组织创新对于企业的核心竞争力来说有着显著的影响作用；组织文化、人力资源因素和市场导向可以通过对组织创新的培育来获取核心竞争力。

第四节　研究内容安排

一、研究方法

本书以经济学、管理学理论为指导，借鉴核心竞争力相关理论，采用理论演绎与实际调查相结合的方式，通过问卷调查、实证研究、统计分析等方法，综合研究论述了汽车第三方汽车物流企业的核心竞争力问题，主要方法如下。

（一）文献分析方法

采用文献分析法收集了国内外企业核心竞争力理论相关内容的有关文献，作为理论与案例分析的基础。在文献分析的基础上，对核心竞争力各种研究观点进行梳理与分析，以核心竞争力的相关理论为基础，综合运用管理学、社会学、组织行为学、经济学等多种学科的知识为工具来研究本书主题。

（二）调查研究、实证研究、统计分析研究方法

本书以文献整理与理论推导为主，运用调查分析方法对第三方汽车物流竞争力因素进行剖析。通过深入多家汽车生产企业、第三方汽车物流企业进行实地考察调研，对第三方汽车物流企业赖以生存和发展的各种相关因素进行系统地分析，对不同体制和运作模式的汽车物流运作进行比较，找出第三方汽车物流企业核心竞争力形成和表现形式。同时，结合实证研究的问卷调查和统计分析的方法，并以后者的分析结果对前者的结论进行修正，力图系统地形成本书的独特见解和观点，尽量克服各种方法单一使用的不足之处，以达到预期的研究成效，形成更有意义的发现。

（三）定性研究与定量研究相结合

本书的研究主要是基于定性分析的研究方法，对第三方汽车物流企业竞争力形成和表现形式的分析、影响构建核心竞争力因素的分析，并结合定量分析的方法研究汽车产业第三方汽车物流企业核心竞争力现状及影响要素，揭示了第三方汽车物流企业核心竞争力形成过程、构建核心竞争力的影响因素逻辑关系，以探求中国汽车产业第三方汽车物流企业核心竞争力的不足所在，并提出建议和发展对策。

二、研究途径

本书以第三方汽车物流企业核心竞争力为研究对象，通过利用有关核心竞争力理论和案例分析构建研究基础，研究的主要途径如下。

（一）理论探讨

核心竞争力是伴随新经济所产生的一个新概念，首先在对国内外关于企

业核心竞争力理论研究相关文献进行综述的基础上，找出核心竞争力理论对第三方汽车物流企业核心竞争力研究的支撑点，确立对第三方汽车物流企业核心竞争力研究重点和难点。先从其核心竞争力理论研究的起源、相关概念及基于不同视角的核心竞争力研究评价开始，对国内外学者核心竞争力理论的相关材料进行了搜集、整理，对所研究问题进行理性思考。在对核心竞争力理论研究的基础上，借助、引用核心竞争力研究的相关成果，为研究第三方汽车物流企业核心竞争力特征、核心竞争力识别、核心竞争力要素以及核心竞争力培育与提升的方法等研究做理论上的铺垫和指导。

（二）实践探索

由于核心竞争力理论是一种应用性的企业战略理论，它不仅是一种管理思想，更是一种具有较强操作性的战略管理工具和分析方法。本书主要从应用层面上，对第三方汽车物流企业核心竞争力进行研究。具体研究内容包括：中国汽车产业发展，汽车产业供应链的结构，汽车生产企业供应链管理模式，汽车产业供应链管理变革的趋势，社会分工的细化所形成的趋势，引入国外先进汽车生产和管理方法，汽车生产企业中各种不同物流运作模式的比较，第三方汽车物流企业自身所具备的竞争能力等内容展开论述，揭示第三方汽车物流企业竞争力形成过程及表现形式、影响企业构建核心竞争力的各种不利因素等。最后，对核心竞争力理论在中国第三方汽车物流企业的应用措施进行探讨。本书的研究框架如图 1.1 所示。

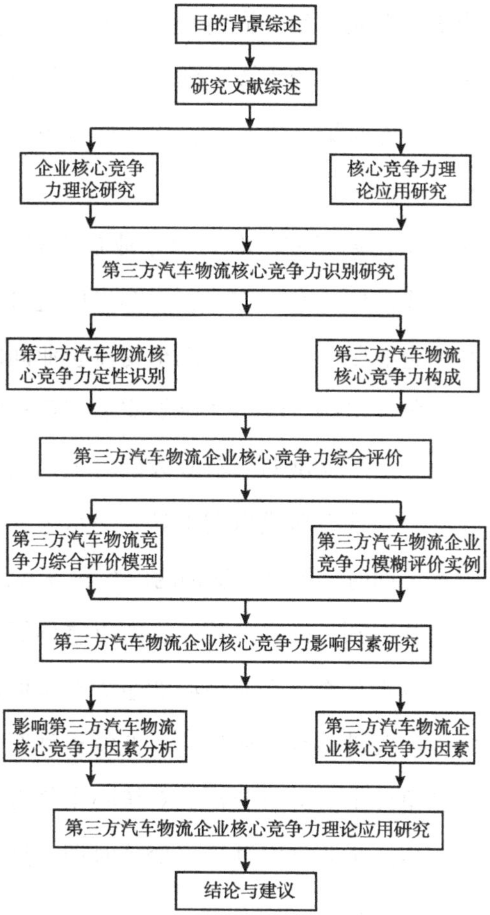

图 1.1　本书的研究框架示意图

第五节　研究创新点

第一章：主要介绍本书的研究背景、课题的理论与实践价值，针对国内外研究不足之处，提出研究目标、研究内容和研究结构，确定研究技术路线和研究方法，并介绍本书研究的创新之处。

第二章：从战略管理理论与经济学两个学科领域对企业核心竞争力理论

的研究成果进行较全面的归纳总结。同时，对企业核心竞争力特征、核心要素、核心竞争力识别与评价作了较为详尽的综述。并从不同的视角对核心竞争力概念进行分析，为下面对第三方汽车物流企业竞争力的研究作了理论上的铺垫。

第三章：运用所提出的第三方汽车物流企业核心竞争力形成识别工具，对中国汽车产业供应链物流体系运作方式、汽车供应链管理变革成因、汽车产业对第三方汽车物流企业服务的需求、汽车物流企业间的竞争程度、第三方汽车物流企业自身竞争性定位、汽车产业供应链变革对第三方汽车物流的影响、第三方汽车物流企业所提供的创新服务能力等因素，以企业核心竞争力理论为基础，通过核心竞争力形成识别工具，揭示第三方汽车物流企业的核心竞争力形成的过程。同时，提出了识别的内容和方法，对价值链、技能、资产、知识链等进行内部识别，以客户贡献、竞争差异等为标准进行外部识别。另外，归纳出第三方汽车物流企业核心竞争力在价值性、独特性、延展性、整合性等四个方面的关键特性。还运用了波特五种竞争力模型原理，对第三方汽车物流企业竞争性定位进行分析，对核心竞争力要素和表现形态等进行研究，提出在汽车生产企业供应链管理变革时期，只有为客户带来价值利益，才能适应当前汽车物流行业的发展。总之，本书认为，第三方汽车物流企业的营销配送能力、超越汽车产业发展的策略及营运能力、物流网络资源能力等三个方面的能力，是构成核心竞争力的核心要素。

第四章：本章从第三方汽车物流企业生存和发展的外部条件、管理模式、经营运作及增值服务模式等方面入手，对应汽车产业供应链变革的特定时期，设计出以第三方汽车物流企业服务能力为重点的竞争力综合评价指标体系，运用模糊数学综合评价方法，对第三方汽车物流企业服务能力指标的强弱情况进行评价；并以中联物流公司为例，对其服务能力状况进行了评价分析。同时，运用理论和图表说明第三方汽车物流企业服务能力与培育与提升核心竞争力之间的关系。

第五章：本章利用文献分析，构建了本书的研究模型，提出了研究假设，即分别为第三方汽车物流企业的组织文化、人力资源因素、市场为导向对其组织创新、技术创新和管理创新的影响作用；组织文化、人力资源因素、市场为导向对于企业核心竞争力的影响作用；组织创新对于核心竞争力的影响作用；技术创新对于管理创新的作用；并根据研究假设构建了理论模型。

第六章：本章依据前文提出的模型及相关假设，对实证研究的过程进行详细设计，包括对研究工具和研究程序的详细说明。同时，对初始问卷的测试结果和正式问卷编制的过程进行详细描述。在试测中，主要检验了问卷的信度和效度。第七章将根据本章的研究成果进行样本调查。

第七章：本章首先对所收集的样本特征进行了描述性分析，涉及调查对象的性别、年龄、学历、工龄、职务级别，以及所属企业性质等情况。采用SPSS 26.0统计分析软件，运用相关分析、多元回归分析，以及方差分析对研究所涉及的假设进行检验。最后根据对本章资料的分析，归纳出对管理实践的结论和启示。统计结果显示：组织文化、人力资源因素、市场导向等因素对于企业的核心竞争力没有显著的影响作用，而组织创新对于第三方汽车物流企业的核心竞争力来说，有着显著的影响作用。组织文化、人力资源因素和市场导向可以通过对组织创新的培育来获取核心竞争力。

第八章：本章对提升第三方汽车物流企业核心竞争力的对策进行研究。针对所存在的问题，从培育核心竞争力战略的制定、核心竞争力提升的步骤方面进行论述，提出第三方汽车物流企业核心竞争力培育战略选择方面，着重从创新能力的提高、按汽车供应链管理特点培养专业人员、市场为导向的确立和强调学习的文化确立，为第三方汽车物流企业使用的新观念、新技术和新方法等提供借鉴。

第九章：本章运用核心竞争力的理论及方法，对已取得竞争优势的第三方汽车物流企业核心竞争力创建现状进行分析。中联物流、安达物流和中信物流等公司在与竞争对手的竞争中所显示出来的成本优势、技术优势，并依靠这些优势在竞争过程所突显的差异化，为汽车生产企业带来更为实惠的价值利益，也使第三方汽车物流企业获得竞争上的优势。

第十章：归纳总结了全书所进行的研究、解决的问题、得出的结论，并提出了第三方汽车物流企业核心竞争力培育策略。

第六节　本章小结

本章对本书的研究背景和意义、研究途径和方法，以及研究内容框架等进行了概述。

一、研究背景和意义

本书研究的内容安排包括：中国汽车工业供应链管理模式发生重大变革的成因分析；第三方汽车物流企业面临生存与发展的现实状况分析；第三方汽车物流企业构建核心竞争过程中的影响因子分析；第三方汽车物流企业核心竞争力的培育与提升。

本书的研究意义在于：有助于提高第三方汽车物流企业培育核心竞争力的认识，有利于指导企业实施核心竞争力培育与提升战略，有助于丰富和完善第三方汽车物流企业核心竞争力理论体系，推动企业核心竞争力理论在第三方汽车物流企业中的实践。

二、研究途径和方法

通过对国内外相关企业核心竞争力理论研究文献的综述，确立对第三方汽车物流企业核心竞争力研究的范围和内容。

企业核心竞争力理论在对第三方汽车物流企业的应用研究包括：核心竞争力的定性与定量识别、核心竞争力培育与提升的方法和战略，以及具体的案例分析等。

本书采用了文献分析与案例研究相结合的方法、调查分析方法、问卷调查方法，以及统计分析的方法。

第二章 相关核心竞争力理论研究

本章是对企业核心竞争力研究文献的回顾，目的在于从多方面了解和掌握国内外专家学者关于核心竞争力的研究现状和主要观点，以便找准对第三方汽车物流企业核心竞争力研究的切入点。同时，本章还搜索了专家学者对第三方汽车物流企业核心竞争力的研究成果，以便为下面的研究作借鉴。

第一节 核心竞争力的相关概念

1990 年，著名管理学家普拉哈拉德（C. K. Prahalad）和哈默（Garry Hamel）在权威杂志《哈佛商业评论》上，发表的《企业的核心竞争力》（*The Core Competence of Corporation*）一文，首次提出了核心竞争力（core competence）这一概念。普拉哈拉德和哈默认为核心竞争力就是在一组织内部经过整合了的知识和技术，尤其是关于怎样协调多种生产技能和整合不同技术的知识和技能（张石森，2013a）。普拉哈拉德和哈默对于核心竞争力的定义给出了一个描述性概念，从此拉开了人们探讨核心竞争力理论的序幕，一系列具有划时代意义的论文相继发表。

普拉哈拉德与哈默尔在进一步描述核心竞争力时，提出了一个非常形象的“树型”理论。他们将一家多元化经营的企业比作一棵大树，核心产品（核心零部件）是树干，经营单位是树枝，枝叶、花朵和果实则是顾客所需要的最终产品。而支撑着所有这一切的正是企业内部能力的不同组合。而核心竞争力实际上是隐含在核心产品里面的知识和技能，或者它们的集合（张石森，2013b）。其后十几年，有关核心竞争力的研究已经成为企业战略管理的一个研究热点。国内外学者关于核心竞争力研究产生了一系列观点，主要围绕整合观、网络观、协调观、组合观、知识载体观、组件构架观、平台观和技术观等八大观点（王毅、陈劲、许庆瑞，2010）。

传统上对核心竞争力的说法是指企业通过技术创新掌握自主知识产权的能力。更多学者则认为，它是一种综合能力，包括企业的核心技术研发能力、产品制造能力和市场推广能力等（张石森，2013c）。

第二节 国内外研究现状

核心竞争力这一概念是由国外引入的，特别是较早提出这一概念的普拉哈拉德和哈默的观点被普遍认同，加上哈佛大学商学院迈克尔·波特教授的具有广泛影响的三部曲《竞争战略》《竞争优势》《国家竞争优势》，因此国内外学者关于核心竞争力的观点很大程度受他们的观念影响。不同的研究者从技术观、知识观、资源观、组织与系统观等不同角度对此进行了研究（范宪，2015a）。

一、国外学者研究现状

通过对国外学者的研究进行检索及分析，对不同的研究理论观点进行归纳、整理，并总结国外学者们关于核心竞争力的主要优缺点和主要特征，以便对核心竞争力的理论研究有更科学、更全面、更完整、更透彻的认识。

拉哈拉德和哈默（1990）对核心竞争力描述指出，组织中积累的学识，特别是协调不同的生产技能和有机组合多种学识的学问，强调能力整合，提出了用户价值、独特性、延展性等观点。

Barney（1991）提出了构成核心竞争优势基础的核心竞争力的四个条件是价值性、异质性、不能仿制性，以及难以替代性。

Hamel（1994）提出确定核心竞争力的标准是技能的融合、学识的积累。它包括隐性知识与显性知识，能够提供基本顾客效用的技能独特性、整合性和延展性。

Faulknel 和 Bowan（1995）提出核心竞争力是公司专有的、优异的、扎根于组织之中的和适应市场机会的，更有可能实现可持续竞争优势，可获得超过平均利润的一种复合性、整合性的能力。

Patel 和 Pavitt（1997）提出核心竞争力包括获得专利显示在技术优势的企业能力，主要体现在创新性方面。

Christine Oliver（1997）提出核心竞争力包括获取并拥有异质性资源方面的独特能力，具有稀缺性、不可模仿和非交易性。

Gallon（1995）提出核心竞争力是一个组织竞争能力因素的协同体，反映为职能部门的基础能力、关键能力和公司层次的和谐能力。

Leonard-Barton（1992，1994）提出核心竞争力是公司区别于其他公司并对公司提供竞争优势的一种知识群，是一种行动能力，是一个组织长期形成专有能力从而为客户提供价值的关键所在，强调能力的知识特性并有明确的知识载体，与制度化关联、专有性、提供价值的持久性。

二、国内学者研究现状

国内学者对核心竞争力理论的研究基本上是从 20 世纪末开始的，总体上处于学习、吸收和借鉴国外研究成果和实践经验的阶段，并将企业核心竞争力理论进行本土化改造，用以指导中国企业实践并取得了较好的研究成果。

白津夫（2013）将核心竞争力定义为企业资源有效整合而形成的独有的

支持企业持续竞争优势的能力。

黄津孚（2011）把核心竞争力理解为决定竞争力的主要因素、深层次因素，即企业赖以生存发展的核心资源和核心能力。

李建明（2011）认为，企业核心竞争力是企业内部一系列互补的技能和知识的结合，它能使一项或多项业务达到世界一流水平。

李品媛（2012）强调核心竞争力与创新、企业扩张、企业管理等的关系，并从论述了核心竞争力的理论与实证分析。

陈佳贵（2012）认为，核心竞争力主要是指企业在生产经营过程中的积累性知识和能力，尤其是关于如何协调不同生产技能和整合多种技术的知识和能力，并据此创造出超越其他竞争对手的独特的经营理念、技术、产品和服务。

项国鹏、汪良军（2011）从知识角度分析企业核心竞争力的知识特征及其培育、识别、部署、维护、更新过程中的知识流，提出核心知识竞争力和核心能力是构成核心竞争力的两个维度。

管益忻（2010）认为，核心竞争力是以企业核心价值观为主导的，旨在为顾客提供更大、更多、更好“消费者剩余”的整个企业核心能力的体系。

康荣平、柯银斌（2009）提出的企业战略能力矩阵理论具有一定的开拓性。他们把企业竞争的市场划分为全球、全国及本地市场三个层次，结合时间的因素将企业核心能力的发展分为三个层次：基本能力、亚核心能力和核心能力。

王毅、陈劲等人（2010）认为，核心竞争力概念理论框架为：能力元与能力架构组成的经营环境、企业与技术整合的知识系统。

李正中与韩智勇（2011）认为，核心竞争力概念具有逻辑层次，核心竞争力是能力体系、竞争能力、独特竞争优势，是持续的竞争优势。

范宪（2015b）认为，核心竞争力的特征有：技术集合性、技术叠加性、盈利持久性、价值优越性、路径依赖性、难以代替性、不可占用性、动态调整性，以及可被感知性。

吴价宝（2012）识别核心竞争力可以从价值链分析、技能分析、资产分析、知识分析、顾客贡献分析，以及竞争差异分析等六种关于核心竞争力的定性识别方法进行评价。

众多学者站在不同的角度对核心竞争力进行了论述，对基本的概念既有一致性，也有差异性。这说明核心竞争力内涵的丰富。针对不同的研究对象，可侧重于某个角度界定内涵。

第三节 关于企业核心竞争力特征描述

较多的研究者认为企业核心竞争力应该有局部优势性、显著增值性、独特性、时间性和延展性等多个特征。此外，也有人认为，核心竞争力还有资源集中性、动态性和非均衡性等特性。

黄继刚（2014）提出核心竞争力的特性可分为关键性特性和一般性特性。关键性特性包括显著增值性、领先性、延展性和整合性；一般性特性包括相对性、时间性、局部优势性，以及共有性和不可交易性。

田莉（2011）认为，核心竞争力拥有三个特征：一是能为用户提供根本性的好处或实惠；二是核心竞争力具有独特性，不易被竞争对手模仿，三是拥有开拓新市场的潜力。

王毅、陈劲等人（2012）认为，核心竞争力存在于企业所涉及的各个层次，能使企业获得持续竞争优势的，具有全面性、知识性、动态性和系统性特征。

梁能（2012）认为：“企业的竞争优势来自企业价值链上某些特定环节”，“要保持企业的战略优势关键是控制企业价值链的战略环节。”

张石森（2013d）认为，核心竞争力是指企业在研发、设计、制造、营销、服务等某一两个环节上明显优于，并且不易被竞争对手模仿的，能够满足客户价值需要的独特能力。这概念包含五个方面的含义，即局部优势性、显著增值性、延展性、独特性、时间性。

陈佳贵（2012）认为，企业不仅仅是业务的组合，也是能力的集合，而核心竞争力是企业组织中知识的集合，特别是那些有关协调各种不同产品，将不同的技术集成起来的知识的集合。核心竞争力必须是竞争对手难以模仿的，必须是能广泛应用于其他领域的，必须是有益于最终产品的顾客利益的。

上述对核心竞争力特征的研究基本能达成一个共识，与核心竞争力主体特性相一致，便于进一步研究。

第四节　关于核心竞争力识别与评价

除了对核心竞争力理论研究，一些学者还对核心竞争力识别的标准、指标、测评等提出论述。

郭斌（2010）针对技术型企业，着重于技术创新，从企业战略管理能力、企业核心技术能力、企业核心制造能力、企业组织管理能力、企业核心营销能力五个维度共十个指标，同时考虑产业动态与企业绩效对核心竞争力进行诊断和评价。

范微（2012）认为，企业核心能力可从五个方面评价，分别为人力资本、技术资本、组织资本、客户资本、社会资本，并以核心能力标准检验，具有较好的借鉴意义。

魏江、叶学峰（2011）从人员能力、信息能力、设备能力、组织能力等方面 14 个指标来评价企业技术能力，通过问卷调查评价企业技术能力。各指标权重通过专家打分来确定。

杜纲、程继川和陈卫东（2010）认为，企业核心能力可从三个层面来评价，分别为市场层面、技术层面和管理层面。每个层面指标权重的确定可采用 AHP 法对各指标值进行加权平均，得到各层面评价的得分，三个层面再做加权平均，得到企业评价的总分。

陈志（2014）针对科技型企业核心竞争力评价指标提出六大要素体系，即技术创新能力、科技产业生产能力、智力产业产出能力、企业管理能力、企业运行机制，以及组织文化建设。通过问卷筛选确定 34 项指标进行模糊综合评定。

对企业竞争力特征研究最为系统的是美国哈佛商学院迈克尔·波特教授，其理论和思想体现在其经典之作《竞争战略》《竞争优势》和《国家竞争优势》的“竞争三部曲”（迈克尔·波特，1980a，1985a，1990）当中。前两部分别发表于 1980 年和 1985 年，重点研究企业竞争优势；而最后一部发表于 1990 年，虽然讨论的是国家竞争力的问题，但波特仍是以产业和企业竞争优势为核心。这三部著作以创造性的思维提出了一系列竞争分析的综合方法和技巧，为理解竞争行为和指导竞争行动提出了较为完整的知识框架。

波特的企业竞争力理论提出了厂商如何在产业内定位，在激烈的竞争环境中获取高于平均利润的思想。波特认为，任何产业，无论国内或国际的，无论生产产品或提供服务，竞争规律都将体现在五种竞争作用力当中，即新的竞争对手入侵、替代品的威胁、客户的议价能力、供应商的议价能力，以及现有竞争对手之间的竞争。这五种竞争作用力综合起来决定某产业中的企业获取超出资本成本的平均投资收益率的能力（迈克尔·波特，1985b）。

波特的“竞争三部曲”对企业战略相关的内外竞争环境，从企业内部活动成本，外部产业结构、地域产业集群等不同层次，进行了全面深入的解剖，这为人们了解竞争本质提供了视角。波特“竞争战略”中提出的五力竞争模型，是行业竞争驱动力解剖的经典方法，关注的重点在于如何增加企业自身的竞争地位，从而在竞争中获得主动权（项保华，2005）。

波特竞争战略理论描述了公司如何在产业中定位，获取竞争优势，从而在激烈的竞争环境中获利。波特理论的突破在于：强调了企业选择行业的重要性，特别是行业结构的影响，强调企业外部竞争环境对战略制定的决定性作用，从产业角度来考察企业战略。他的基本假设是：各个企业拥有类似的资源和能力，企业资源在各个企业之间是流动的，因而寻求竞争优势的关键是选择有吸引力的行业并进行定位，寻求通用的战略。波特认为：一个国家或地区，在寻找可以发挥自己优势时不一定会陷于传统的以资源禀赋的结构为基础“比较优势”理论，而可以自己的产业优势获得竞争地位和优势（周三多，郭统钎，2012）。

第五节　对第三方汽车物流企业竞争力的模糊评价

模糊数学产生于20世纪60年代，它的形成与发展不是为了放弃数学的准确性、严格性，而是使客观存在的一些模糊性的事物和现象能够用数学方法来研究和处理。所谓“模糊性”是指客观事物中的不分明性和不确定性，其根源在于客观事物的差异之间存在着中介过渡。美国加利福尼亚大学控制论专家Zadch教授重新研究了数学的基础——集合论，并于1965年首次提模糊集合的概念，从而形成了模糊数学这一新的数学分支（李鸿吉，2015）。

模糊评价理论为定量分析第三方汽车物流企业服务能力提供了重要的数学基础理论。所谓模糊评价是在模糊环境下，考虑了多种因素的影响，为了某种目的对一事物做出综合决策的方法。模糊评价的核心在于综合，由单因素确定的事务进行评判是相对容易的，而事物涉及多个因素时，就要综合诸因素对事物的影响做出一个接近于实际的评判，以避免仅从一个因素就做出评判而带来的片面性。但对于一些复杂的系统，需要考虑的因素可能很多。

这就会出现两方面的问题：一是因素过多，对他们的权数分配难于确定。二是即使确定了权数分配，由于需要满足归一化条件，每个因素的权值都很小，再经过 Zadch 操作数综合评判，常会出现没有价值的结果的现象。这时就可以采用多层次模糊综合评判的方法。

第三方汽车物流企业专业化服务能力作为各种能力的整合和集成有着丰富的内涵，特别是从这一能力的发挥和运用来看，它是一个比较完整的系统。在这个系统中包括了核心资源、核心能力和环境要素。尤其是汽车产业的快速发展，第三方汽车物流企业需要适应汽车生产企业的发展和自身的超前发展，专业化服务能力的形成与发展成为贯穿于整个经营活动中，企业共同价值观念和多种功能及技术能力的综合体现，很难用精确的数值来表示。而模糊评价理论是以模糊数学为基础，研究有关非精确现象的科学，所以在对第三方汽车物流企业专业服务能力评价过程中所涉及的相关问题，均适合用模糊数学来评价。

第六节　对第三方汽车物流企业核心竞争力的研究

随中国汽车生产规模的迅速扩大，汽车物流正逐渐朝着形成一个新兴的产业的方向发展，汽车行业及学者对汽车物流行业及提供服务的企业的研究也在展开，如由中国市场情报中心 2015 年 2 月发布的《2014—2015 年中国汽车物流产业研究年度报告》，归纳了 2014 年全球与中国汽车物流产业发展情况，针对中国汽车物流产业各环节的特点，分析了中国汽车物流产业竞争格局，并对汽车生产企业的竞争力分别进行了综合评价。同时，该报告还分析了影响 2015—2019 年中国汽车物流产业发展的因素，并对产业发展趋势做出了分析预测（赛迪数据，2015），可见已将汽车物流业作为一个行业来研究。

清华大学经济管理学院林薇、刘丽文（2015）从汽车物流基本概念入手，全面分析了汽车物流行业的特点，结合中国汽车物流行业现状和发展趋势，从汽车物流企业短期关键成功因素和长期关键成功因素两个方面，对汽车物流企业的关键成功因素进行了解析。他们认为，当前的汽车物流公司名义上是第三方物流，但实际上还是最基础的储运物流，作为第三方物流价值增值环节的供应链优化环节缺乏发展和完善。真正的第三方专业汽车物流企业有其自身的专业化物流运作经验与技术，拥有专业化物流网络及设施、专业化的物流运作管理人才和现代化的物流信息系统。这些将有利于促进汽车产品总体物流效率的提高和物流合理化。

陈建文（2014）认为，质量、成本和速度是汽车物流企业具有竞争力的三大关键因素，要有建立竞争优势的中国汽车物流业，高效的汽车物流体系是当务之急。

史培华（2015）认为，提升汽车物流企业的竞争力的关键在于降低汽车物流成本，实现供应链上各环节的资源整合。

同济大学叶明海（2010）认为，为了降低整个汽车生产企业的成本，汽车生产企业正考虑把非核心的汽车物流业务外包给企业外第三方汽车物流企业。随着中国汽车物流领域也进一步开放，必将会使更多的国际汽车物流供应巨头进入中国的第三方汽车物流市场，这势必会给中国第三方汽车物流企业的发展带来严峻的挑战。为此，必须从经营形式和经营规模方面进行调整，提高竞争能力。

江南（2014）专门针对为汽车生产企业供应原材料及零部件的企业进行了问卷调查，结果显示汽车企业最希望得到的第三方物流服务是流程管理和信息管理，而这些也正是第三方物流服务企业的软肋。

韩龙士（2013）提出，提升汽车物流的水平，首先要跟踪研究先进的物流管理模式，加快物流人才的培养。其次要利用先进信息技术，进行业务流程重组。最后要建立科学、合理、优化的配送网络，大力发展第三方物流。汽车物流企业也可适当地引进外资，建立专业化的中外合资汽车物流服务企业，以更快地了解和掌握国际上的先进经营思想、管理技术和运作方式，因此，加快中国汽车物流业的发展速度的具体方法包括树立现代物流理念、建立物流基础设施，以及建立物流信息平台等。

陆其伟（2013）认为，国内的汽车物流企业还处于刚刚起步的阶段，虽然发展迅速，但物流成本降低不明显，与国外汽车物流企业的差距非常大。他提出汽车物流企业应做好采购成本控制的基础工作，采用科学的采购方法，控制和降低采购成本，增强企业的核心竞争力。

龙少良（2016）对第三方汽车物流的概念、理论基础、发达国家的发展状况，甚至第三方汽车物流企业的管理等作了详尽的介绍；并以案例分析的方式对第三方汽车物流企业进行分析，提出第三方汽车物流企业为了适应汽车物流市场激烈的竞争，提高物流企业的核心竞争力，必须更好地服务于客户，快速、便捷，准确响应客户的需求，更好地建立自己的竞争优势，寻求长期的发展。总之，第三方汽车物流企业必须建立自己独特的竞争战略。

遗憾的是，笔者通过文献检索发现：关于汽车物流行业及第三方汽车物流企业的研究文献有限，现有的文献大多都停留在概念的引进和定性分析上，只有少数文献是以典型案例的方式进行了相应论述。但总体来看多数文献篇幅较短，论述的深度和广度有限，也极少采用系统的分析方法。

综观国内对于企业核心竞争力的研究和关于第三方汽车物流企业核心竞争力的文献，虽然进行了多方面的研究，为今后学者在这一领域的继续探索提供了较为宽泛的探讨空间，但对物流、第三方物流、第三方汽车物流等开展研究及实践的时间都不长。本书认为国内学者对第三方汽车物流企业的研究还处于初级阶段，特别是对于第三方汽车物流企业核心竞争力的研究在研究思路上有所局限、非系统化，主要体现在以下几个方面。

第一，很多学者只是从技术能力或核心竞争力等方面来认识汽车物流企业核心竞争力，大部分还停留在局部问题的讨论上，对核心竞争力的研究抽象的、理论性的研究较多，而操作层面的研究较少，同时定量的模型和方法研究比较少。

第二，有关第三方汽车物流企业核心竞争力的理论体系、培育思路、设计方法和管理机制还不够成熟，目前的研究难以科学地认识其内在机理，难以为企业提供系统战略指导。

第三，已有不少对于第三方物流企业核心竞争力培育的理论研究。但对第三方汽车物流企业核心竞争力的培育乃至提升，除了理论支持外，还应落实到实证研究来指导企业，就目前可以搜集到的关于第三方汽车物流企业核心竞争力的相关资料来看，均存在着一个共性的不足——理论实际运用的缺失。由于缺少必要的实证分析，对第三方汽车物流企业核心竞争力的培育探讨就像“无源之水”。

第四，对于第三方汽车物流企业核心竞争力构成缺少必要的分析。第三方汽车物流企业核心竞争力到底由哪些因素或资源构成，这是关系到第三方汽车物流企业核心竞争力如何培育与提升的关键性问题，在为数极少的关于第三方汽车物流企业核心竞争力的讨论中，普遍缺少对于第三方汽车物流企业核心竞争力构成的要素和资源等的详尽分析。

第七节　对企业核心竞争力理论研究的评价

通过对国内外核心竞争力理论的文化研究，我们发现：不同研究者从不同的角度研究核心竞争力，并提出了各自的论据论证及逻辑分析，这充分地说明了企业核心竞争力是一个内涵非常丰富的新观念、新思想，它附着在企业组织的技术、资源、知识、文化、组织、管理等各个子系统中。由此，可以认为，核心竞争力研究的发展，将从单一的子系统，转向不同子系统有机组合的整个企业组织系统。同时，不同角度的研究思想是相互渗透的。这些不同流派的观点不是对立的关系，而是相互印证的关系。

国内外学者对核心竞争力理论进行的探讨，对本书的研究提供了必要的依据和参考。核心竞争力理论把企业看作各种不同的能力集合体，既从本质上认识和分析企业，又从企业具体实践过程指导企业战略规划的制定，不仅较好地解释了企业持续竞争优势的来源，而且解释了不同行业和同一行业内不同企业之间竞争能力的差异和绩效差异，还解释了这些差异的产生的主要原因。到目前为止，关于企业核心竞争力的理论还在不断地发展和完善之中，如动态核心竞争力理论的提出等，核心竞争力的理论设计还有待于进一步系统化和科学化，许多问题还需进一步论证分析，将其归纳为以下几个问题。

首先，核心竞争力的内涵界定问题。国内外学者对核心竞争力的定义研究较多，对不同的研究评价应将其视作是相互之间的一种理论探讨和补充，是从不同侧重点及不同的研究阶段，以不同的研究内涵对核心竞争力的解释，而不应看成是不同流派、不同观点之间的争论，更不能断章取义，用理论概念“模糊、不清、片面”等语句去评价前人的研究成果。

其次，对核心竞争力的研究比较关注企业内部因素，而对企业外部力量的重视相对不够。核心竞争力理论在强调企业立足内部能力积累和运用已形成和创造战略优势的同时，对外部环境对企业的影响及对企业对环境的适应性方面的研究重视不够。特别是国内学者对国内政治制度、经济政策，以及企业体制等对企业核心竞争力的影响研究力度不够，如宏观经济调整、体制变革等外部力量对企业核心竞争力的影响。

再次，核心竞争力理论实际操作性有待加强。核心竞争力理论虽然已被广泛传播，但是企业在如何对核心竞争力进行培育、管理、利用等方面，还缺乏一套具有科学性、系统性、实用性并简单明了的操作指导方法，使得企业感到核心竞争力理论高深。迈克尔·波特的《竞争优势》与《竞争战略》理论易于被理解，是因为它有“五种力量分析模型”这样的可操作性分析框架。相比之下，核心竞争力理论至今更多停留在理论的探讨和企业管理层的理念层面上，至于如何识别、培育和建立核心竞争力战略，理论研究和实际操作仍有待加强。

最后，对于第三方汽车物流企业核心竞争力的研究，在研究思路和研究方法上，由于受到局部限制产生非系统化。这主要体现在：对第三方汽车物流企业核心竞争力的构成缺少必要的分析。第三方汽车物流企业由哪些因素或资源构成，这关系到核心竞争力如何培育，在为数不多的关于第三方汽车物流企业核心竞争力研究的文献中，缺少对其核心竞争力形成的原因及构成要素研究。

部分学者是从技术能力或核心竞争力的局部来认识企业核心竞争力，对核心竞争力理论性的研究过多，而对实际操作层面的研究由于缺乏系统的认识，使其广度和深度都有限。而有关第三方汽车物流企业核心竞争力的理论体系、研究方法设计、定性与定量研究等还不够成熟，难以为第三方汽车物流企业提供系统性的战略研究指导。本书从这些不足之处入手，来研究培育第三方汽车物流企业核心竞争力的方式。

第八节 本章小结

本章对企业核心竞争力理论进行了回顾。企业核心竞争力主要概念是由国外引入的，因此国内学者的观点很大程度上受国外观念影响，特别是首创者普拉哈拉德与哈默有关核心竞争的观点被普遍认同和引用。

本章从企业核心竞争力基本概念入手，对企业核心竞争力特征、核心要素、核心竞争力识别与评价，以及对竞争力的模糊评价，作了较为详尽的综述；分析了核心竞争力理论对建立企业核心竞争能力的作用，还对中外学者对企业核心竞争力的研究现状进行了描述，从不同的视角对核心竞争力概念进行分析，为后续对第三方汽车物流企业竞争力的研究作了理论上的铺垫。

第三章　第三方汽车物流企业竞争力的识别

第三方物流（third part logistics）是指由物流的供应方和物流的需求方之外的第三方所进行的物流（牛鱼龙，2015）。第三方汽车物流是指专业从事为汽车生产供应链上原材料、零部件、整车及售后配件在各个环节之间的实体流动过程提供服务的企业。

本章对第三方汽车物流企业核心竞争力进行定性识别研究，主要分析两个方面的因素。一是第三方汽车物流企业成长环境，如汽车产业供应链现状及发展趋势、汽车产业对第三方汽车物流企业服务的需求、汽车物流企业间的竞争程度等因素。二是分析第三方汽车物流企业自身竞争性定位、汽车产业供应链变革对第三方汽车物流的影响，以及第三方汽车物流企业所提供的创新性专业化服务能力等因素。

通过对以上两个方面的研究，结合企业核心竞争力理论，提出一个基于第三方汽车物流企业核心竞争力形成过程的研究思路，作为对其定性识别的工具。通过研究第三方汽车物流企业产生的历史背景、中国汽车产业供应链变革和行业内的竞争对第三方汽车物流企业成长环境的影响，以及现代物流理念下的创新性专业化服务能力等内容的分析，并沿这一主线来研究第三方汽车物流企业核心竞争力的识别问题，得出第三方汽车物流企业核心竞争力基本特征、核心竞争力形成和表现方式，从而揭示出第三方汽车物流企业核心竞争力形成的机理，研究路线如图 3. 1 所示。

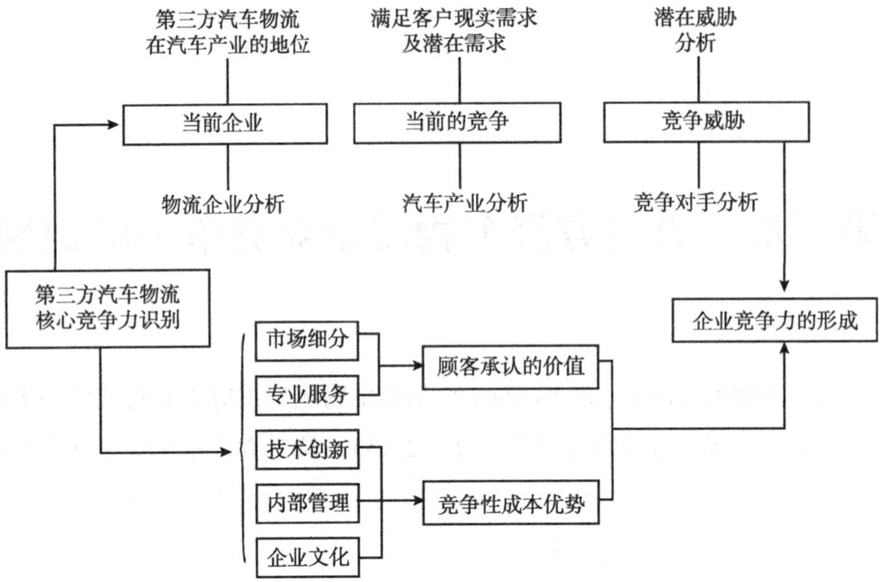

图 3.1　基于第三方汽车物流企业核心竞争力形成过程

第一节　汽车产业物流发展现状分析

汽车物流行业脱胎于汽车产业，第三方汽车物流又是属于汽车生产企业。对供应链管理变革中新出现的外包物流模式的研究，有利于了解中国汽车产业物流现状和发展趋势，对研究第三方汽车物流企业核心竞争力有着重要的意义。

一、汽车产业供应链物流结构及特征

汽车产业供应链以汽车生产企业为供应链核心，其他零部件企业成链状或网状向下链接，它通过计划、获取、存储、分销和服务等一系列活动，上承供应商、下接汽车生产企业，在供方和需方之间形成一种衔接，在汽车生产企业和零配件生产、供应企业之间建立了完整的信息直通道，为汽车生产提供有效的零库存配送，以保障汽车生产的高效性和连续性。它既提高了整体汽车生产竞争力，也为零配件厂家提供了一条大规模销售的有效途径。

（一）汽车产业物流的特征

汽车物流是集现代运输、仓储、保管、搬运、包装、加工、产品流通及物流信息于一体的综合性管理。它是汽车生产领域的重要组成部分，具有与其他物流种类所不同的特点。其特点表现在以下四个方面。

第一，技术复杂性。保证汽车生产所需零部件按时按量到达指定工位是一项十分复杂的系统工程，汽车高度集中生产带来成品的远距离运输，以及大量的售后配件物流，这些都使汽车物流的技术复杂性高居各行业物流之首。

第二，服务专业性。汽车生产技术的复杂性决定了为其提供保障的物流服务必须具有高度专业性。例如，供应物流需要专用的运输工具和工位器具；生产物流需要专业的零部件分类方法；销售物流和售后物流也需要专用商品车运输工具；服务人员具备相应的汽车保管、维修专业知识及汽车维修能力。

第三，高度的资本、技术和知识密集性。汽车物流需要大量专用的运输和装卸设备，需要实现“准时生产”和“零库存”所需要的与汽车生产企业融通的信息系统，需要实现商品车的“零公里销售”的大型专用可升降平板车，这些特殊性需求决定了汽车物流是一种高度资本密集、技术密集和知识密集型行业。

第四，专业知识的人才结构。需要有一批既熟悉汽车生产专业知识，又熟悉现代物流理论和汽车物流运作的专业人才。

（二）汽车产业物流类别

从汽车生产为核心的供应链来看，汽车物流的主要组成部分可分为原材料与零部件的供应物流、生产过程中的储存搬运物流、商品车运输与中转库储存的销售物流、三包件及废弃物回收处理物流等，如图 3. 2 所示。

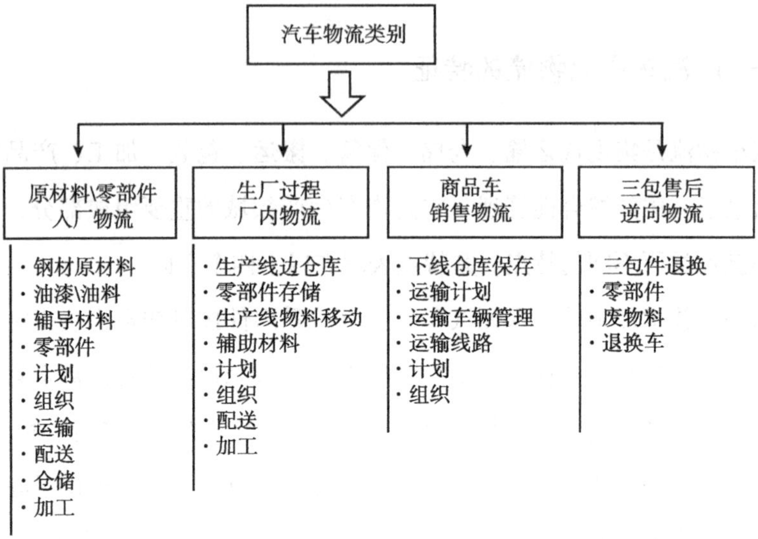

图 3. 2　汽车物流分类示意图

（三）汽车产业现行的主要物流模式

受国外汽车生产和现代物流理念的影响，中国汽车产业供应链管理从过去的自营物流模式，逐渐发展为以下四种物流运作模式。

第一，汽车生产企业自营物流模式。汽车生产企业自身拥有物流的运输、仓储、配送等功能，在生产过程中所涉及的生产计划的制定，向上游供应商下达订货计划，组织运输，入库保管，向生产线投放所需零部件，将生产出来的商品车入库保管，组织将商品车送往市场销售的物流活动环节。

目前中国汽车生产企业物流运作模式，虽然在局部环节上有所改变，但总体上还是属于供产销一体化的自营物流，特别是物流战略、物流计划、物流战略的组织与实施方面完全是自己运作。

第二，内部变革剥离物流运作部门独立核算模式。汽车生产企业为提升自己的核心能力，将主要工作重点放在汽车设计、组织生产和市场营销方面，将过去附属于企业的运输部、物流部和供应部等类似部门，从企业中剥离出来，按独立核算、独立运作模式进行管理。

第三，中外合资共建汽车物流企业模式。国外汽车生产商与中国某一汽车生产企业合资合作的同时，带进与他们有合作关系或有血缘关系的物流企业，这类国外物流企业与汽车生产企业按一定的比例出资，组成新的中外合资汽车物流企业，为合资的汽车生产企业提供服务的物流企业。

上述的第二、第三种模式，从企业经营与汽车物流资源的获取、资产的关联性、人事管理制度等划分，本书将其归属于汽车生产企业自营物流范畴的框架。

第四，外包第三方汽车物流模式。外包第三方物流与传统的汽车生产企业自营物流区别在于，汽车生产企业将整个供应链物流战略规划、物流计划、物流的组织与实施的过程全部或专项交由第三方物流企业运作。由第三方物流企业将信息、运输、仓储、库存、装卸搬运以及包装等物流活动综合起来实施集成式管理。

第三方物流企业与汽车生产企业结成紧密的战略联盟关系，在获得和利用汽车生产企业的物流资源后，根据汽车生产的计划，自己组织制定物流规划，独立经营运作，以完成汽车生产企业提出的物流经营目标为条件，其任务是尽可能降低物流的总成本，为顾客提供最好的服务。同时，自身又可获取利润与发展物流运作模式。

第二节　汽车产业供应链管理变革形成机遇

一、汽车产业物流外包第三方原因分析

近年来，汽车产业的供应链管理变革的发展趋势表现为：加强行业分工，把企业资源集中于发展核心业务，如研发新的车型、组织汽车生产、抓好服务质量、组织销售占领市场、管理好售后维修服务等。而把一些非核心业务，如零部件生产功能、物流配送功能、原来承担的社会服务的功能等都将从汽车制造企业中剥离出来，通过业务外包的方式让其他配套企业来承担。汽车生产企业供应链管理变革的原因还有以下几点。

第一，受国际汽车制造业分工对物流的影响。跨国汽车制造企业根据其全球化发展战略的需要，将核心技术研发和市场营销这两个高附加值环节掌握在手中，生产、加工和一般设计等方面根据相对优势转移或外包到其他国家，在全球范围内优化资源配置，对生产和营销进行统一布局，构建全球生产体系，使汽车开发、采购、生产、销售、售后服务走向全球化。

汽车产业的全球化在组织形式上一般表现为跨国汽车企业之间的重组与联合，这种变革从根本上改变了传统的产业结构、竞争模式和资源配置方式，也导致了订单驱动的混合生产模式、零部件的全球采购模式和 JIT（及时供货）供应模式的盛行。

国际分工和全球经济一体化的进程、中国汽车消费市场的良好成长性和人力资源的区域比较优势，都为中国潜力巨大的汽车市场的发展提供持续扩张的空间，世界汽车制造中心正逐步向中国转移，各汽车跨国公司都将中国汽车市场视为其全球发展战略的重要组成部分，纷纷在中国布点设厂、合资合作、扩大投资、引进新建生产线或改扩建旧生产线的先进生产设备，引进

大量新车型和其关键零部件，以谋求在中国汽车市场中的竞争优势。这在推动汽车物流资源在全球范围内整合的同时，也促进了中国现代汽车物流业的迅速发展。

第二，中国汽车工业发展对物流需求增加。与汽车产能高速发展相对应，汽车零部件及备件、商品车销售物流市场规模会随之保持高速上升，汽车物流的数量和营业收入也相应呈现较快增长趋势。同时，中国汽车零部件进口数额还较大，整车与零部件出口目前还维持较低的水平，随着全球采购和制造的活跃，中国汽车生产和零部件生产的成本优势会体现出来，汽车整车和零部件出口物流将是一个很有潜力的市场领域。

第三，汽车物流资源本身出现大规模移动。目前，中国有 119 家汽车制造厂及近 3000 家零部件制造厂。零部件供应商随着汽车生产企业布置而全国性散乱分布，也形成了区域性的相对集中，而商品车销售物流的数量达 600 多万辆，而且还逐年递增（乔均，2015）。不管是零部件入厂物流，还是售后备件物流，商品车整车销售物流在地区之间都大规模发生。

第四，第三方物流企业自身也具备一定的优势，已成为汽车生产企业可选择采购服务的对象。这些企业具有提供库存管理、运输、加工装配或通关代理等服务的经验，其成熟的经营方式和方法可以直接引入新的物流服务中。它们现有的设备、设施可以用来提供现代物流服务，可节省部分更换设备设施的资金；它们已经拥有了自己的关系客户资源和原材料供应商资源，这些资源在中小物流企业进入汽车物流业时能起到一定的作用。

第五，第三方物流服务理念已逐渐被汽车生产商企业接受。受汽车产能的大幅提高和国外先进汽车生产技术和管理思想的影响，在汽车生产供应链环节中需要不同层次的物流提供商为其服务，为第三方物流企业提供了进入汽车生产领域供应链物流服务的机会。

从以上分析可以看出，随着汽车产能的不断扩充，汽车产品在市场的激烈竞争，迫使汽车生产供应链环节的费用不断下降，汽车生产企业对物流服务的价格、服务的质量要进行重新评估。汽车生产企业都在想方设法降低成本，采用现代第三方物流运作模式，自然成为汽车生产企业考虑和推行改革的内在动力。

汽车产业供应链管理变革给不同规模、不同类别的第三方物流企业提供了机会，特别是第三方物流企业可以针对汽车生产供应链中不同的目标市场与汽车生产企业的自营物流及合资物流企业竞争。外包将是汽车产业供应链管理变革的重点，给第三方物流企业进入汽车物流市场提供了历史性的机遇。

二、第三方汽车物流企业的基本特性

提供第三方汽车物流服务的企业基本上具备以下特征。

第一，具有独立企业法人资格。

第二，建立在汽车产业领域基础上的企业组织，相对于一般的第三方物流企业，第三方汽车物流企业经营服务、生存与发展高度依附于所服务的汽车生产企业。

第三，一般服务于一家或多家汽车生产企业，提供全部或某些专项业务，在为汽车生产企业提供服务的过程中，能获取较为稳定的物流资源，并充分利用这些资源的整合与附加值，为客户与自己创造更多的价值。

第四，为达到取代汽车生产企业自营物流的地位，同时，也为了不被竞争对手所取代，需投入相当的财力与先进技术，提升专业化服务能力。

第五，高的投入同时也面对汽车生产与销售物流过程价值回报的不确定性，所面临的风险主要有市场风险和管理风险。

市场风险主要体现在：与汽车生产企业的合作关系决定物流资源的获取，汽车生产企业的产能与销售业绩、盈利和发展具有同步性。

管理风险体现在：一是未能满足于汽车生产企业的营销观念而丧失竞争

优势；二是汽车产业高速成长与自身组织结构落伍所产生的风险。

第三方物流企业的市场风险和管理风险都高于一般物流企业。

第六，第三方汽车物流企业具备高系统的集成性，供应链管理及物流运作、IT 技术的投入与应用、整合供应链环节资源等都具备综合性、交叉性、融合性。

三、第三方物流模式与自营模式比较分析

由汽车生产企业自营物流模式与引入第三方汽车物流模式，分别代表了汽车生产企业物流发展的不同阶段，通过比较分析，我们可以对第三方汽车物流企业的生存与发展状况以及竞争定位有一个较为清晰的认识。

第一，汽车生产企业自主经营物流模式分析。汽车生产企业自己经营物流，对生产过程中的工作流程熟悉，各职能部门和人员相互熟悉容易沟通，出现的问题在企业内部就能解决处理，各种信息沟通顺畅，物流运作过程所需的场地和产生的冲突可以随时沟通协商解决。

随着汽车产能的扩大、汽车零部件供应全球化，以及电子商务的发展，它们对汽车产品物流的信息化、自动化和柔性化提出了全新的要求。要求汽车生产企业具有更加强大的物流实力，不断加大对物流的投入以适应电子商务发展的需要。这些变化对自营物流而言，不但加重了汽车生产商的资金负担，而且也不能充分发挥分工的经济优势，会降低汽车产品的总体物流效率。同时，自营物流源于整车生产企业自身，往往只从整车生产企业的利益出发，过多地强调保障整个生产企业生产的连续性。这样会导致零配件生产企业提供远大于实际需要的库存。

第二，功能性外包第三方物流模式分析。现有的汽车生产企业将物流外包第三方，主要还是功能性外包的模式。汽车生产企业物流最重要的部分是物流规划、物流战略的制定与实施，采购及库存等环节仍由自己管理，外包

的只是一些功能性比较简单、专业性强的具体实施业务。最常见的外包物流业务是将商品车发送业务外包出去。

商品车发送是汽车生产企业供应链环节的最后一环，相对比较独立，而目前商品车运输往往要使用大型运输平板车，投资大型商品车运输专用车辆费用高，每台专用运输车辆需要 30 多万元，将商品车发送业务外包，汽车生产企业可以节省大量的投资费用，也可防止生产旺季时商品车专用运输车辆不够用，生产淡季时运输车辆闲置造成浪费。

现为汽车生产企业提供第三方物流的企业，多数是从商品车发运业务开始，这些企业一般拥有大型专用平板运输车、大型商品车运输滚装船等专用运输工具，有些还拥有商品车运输专用码头，商品车中转场地等资源。这类商品车运输企业拥有运输所需资源，但不掌握运输的主动权，只承接汽车生产企业安排的运输业务。后来出现了规模较大管理较好的商品车运输企业，总承包汽车生产企业商品车运输业务，在获得了商品车运输资源后，一部分自己运输，另一部分转包其他商品车承运商获取价差。一般获得总承包的物流企业在汽车生产高速大发展的同时，自己也获得了很大的发展。

第三，生产企业将物流部门剥离模式分析。采用剥离的方式向第三方物流过渡会有许多好处，原有物流部门的人员是汽车生产企业自己培养起来的，对原企业有着深厚的认同感，与原汽车生产企业各职能部门有着熟悉和了解，人员之间有着千丝万缕的联系，对工厂业务流程和人事关系熟悉，更易于开展工作。将其剥离为第三方独立经营核算后，可调动他们的积极性，让他们通过挖潜增加收益，还可免去裁减人员给社会和汽车生产企业带来的不安定因素。

不利的是企业的组织机构、工作方式、思维方式、企业员工等还不是按市场化方式所构建起来的。剥离出去后的主要业务还是依赖于原有企业维持，拥有原汽车生产企业的物流资源，各项业务的取得和服务价格的确定，基本上是靠特殊“血源”关系获取。

将原汽车生产企业物流部门剥离还有一个最重要的工作，就是让剥离出来的物流部门按第三方物流的方式组建公司。组建后的公司除了对内服务外，还要对外承接物流服务业务，扩大公司的经营范围和营业额，但对外承接业务涉及的困难很多。具体来讲，首先，抢占非汽车物流的市场份额很难。这类市场混杂着个体等多种体制，起点越低市场竞争越大。其次，汽车生产企业属于同类行业，涉及企业之间的竞争。没有企业愿意将自己的资源给竞争对手整合，壮大竞争对手的实力。最后，同行之间涉及商业秘密，如商品车质量、销售网点、零部件采购布局及物流价格等，同行之间也不会轻易公开。

上述多方面的因素，使主观上将物流部门剥离出去，成为第三方物流企业，成为真正意义上的第三方物流是比较困难的，这种剥离模式只是过去的自营物流模式了换种管理方式而已，并不能靠剥离快速提升物流管理水平和技术管理手段，达到既服务内部又拓展外部市场的目地。

第四，汽车生产企业中外合资物流模式分析。中外合资的汽车物流企业，优点是在引进国外汽车生产技术和管理方法的同时，引进外资物流企业。这些外资物流企业长期与国外先进汽车生产商合作，熟悉汽车生产运作和物流运作的方法，是国外先进汽车生产企业高效率低成本的组成部分。

与外资物流企业合资共同组建新的汽车物流企业，有利于中国的汽车生产企业引进先进的现代物流理念、先进的物流技术、功能强大的信息系统，并依托外资带进的资金，改善用于物流的设备设施，增强中外合资物流企业的实力，有利于吸引人才，提高汽车生产企业效率。

不利的是外资物流企业对中国的国情、汽车生产厂的情况不了解，与汽车生产企业原物流部门在思维方式、工作方法上有较大的差距，有些做法并不能完全按外方管理人员的想法操作。外方派出的高层管理人员所花的费用和工资福利较高，使合资的汽车物流企业获得利润减少，对降低的物流成本与其他开支增长相抵消。同时，汽车生产企业与外资物流企业合资办物流企业还是属于自营物流范畴，在对外市场拓展过程中，会遇到上述由汽车生产企业剥离出来的物流公司同样的困难。

与上述汽车生产企业现行的物流运作模式相比，由社会第三方物流企业总体运作物流的模式，有许多有利的因素，具体表现如下。

第一，第三方汽车物流物流企业往往不是只为一家汽车生产企业服务。虽然在对供应链管理和物流运作的总体规划中所占的物流战略位置和角度不同，但在物流战略规划上追求的是充分利用全社会的资源，对供应链各环节综合考虑，精心组织和安排，可让物流活动处于最优状态。

第二，汽车生产企业物流运作只是围绕完成生产配套任务而计划和运作，而在第三方汽车物流看来，有物流运作就有了源源不断的、可充分利用的物流资源，通过供应链物流环节的整合，可为新增的附加价值，有降低成本增加盈利的空间。第三方汽车物流的最大附加值是基于信息和知识，而不是靠提供低价的一般性服务。

第三，通过第三方物流，汽车生产企业能够实现资源优化配置，将有限的人力、财力集中于整车的设计和汽车销售市场等核心业务，进行重点研究。

第四，第三方物流公司利用专业化服务的规模优势和成本优势，通过提高各环节能力的利用率，实现费用节省，使汽车生产企业能从分离费用结构中获益。汽车生产企业不仅可以减少购买运输车辆的投资，而且还可以避免车间仓库、发货设施、包装器械以及员工有关的成本开支。

第五，汽车产业的目标之一就是在物流管理中能够把库存降到最低限度。第三方物流公司借助精心策划的物流计划、信息沟通平台和适时运送手段，最大限度地减少库存，改善企业的现金流量，实现成本优势。

虽然通过比较第三方汽车物流为汽车生产企业提供供应链管理和运作有利的因素很多，但目前在大型汽车生产企业中引进社会第三方物流的速度缓慢，这与汽车生产企业的经营战略、经营理念和中外合资企业的经济利益有着直接的关系。同时，由于汽车生产供应链管理的特殊性，对第三方汽车物流企业总体素质要求较高。

不同体制物流模式优劣对比见表 3.1。

表 3.1　汽车生产企业不同体制物流模式优劣对比一览表

物流模式	方法	优点	不足
制造商承担全部物流	沿用传统方式，由原部门承担	对现有工作流程熟悉，职工思想稳定	牵涉工厂管理精力，不是核心业务，对物流先进理论和做法研究不够，骨干力量在生产、科研管理一线，投入资金有限，难以快速提升
将原承担物流业务部门剥离出来	原有人员、设备从汽车制造企业中剥离出独立核算	对工厂业务流程、人事关系熟悉，易于开展工作，有利于增加部门的积极性。独立核算后通过挖潜可增加收益	工作方式、思维方式尚未市场化，难以真正自负盈亏。只是过去工作的延续，不能快速提升先进的物流理念、技术手段和管理水平
与外资合作	原有物流部门与外国物流公司合作	有利于引进先进理念、先进的技术。对国外先进做法吸收快，发展迅速	对国情、厂情不熟，同工厂原物流部门在思维方式、工作方法有较大的差距。高层管理人员及员工费用工资高，对获利期望值高。中方获利减少，与降低物流成本与其他开支增长相抵消。没有再利用和发挥整合的资源
由第三方物流承担	外包给国内有经验、有资源、有先进技术与理念的第三方物流公司运作	直接运用成功案例，简单快速复制、因地制宜、快速提升，有再综合利用资源能力。人员、技术（软件）成本低，对国情、厂情熟悉	难以与世界最先进物流理论同步，难以全盘移植，存在行政过度干涉的可能

第三节　第三方汽车物流企业服务状况分析

随着汽车产能的不断扩大，供应全球化和电子商务对汽车产品物流的信息化、自动化和柔性化提出了全新的要求。汽车生产企业主为了实现零库存，要求零配件生产、供应商按其生产节奏和生产需求量进行供货，实施“直送工位”的JIT（及时供货）配送。零配件生产、供应企业需要通过自建仓库、租用汽车生产企业仓库或社会仓库资源等方式，构造自身的仓储系统，相当于把成品仓库前移至整车厂的生产线旁。

由于汽车生产企业都有多达上千家的配套生产零配件和供应原材料的企业，每一个大型整车生产企业周围，都有由数目庞大的零配件生产、供应企业群所构成的垂直分布的单一配套体系，也构成了层次繁多、结构复杂的采购供应物流体系。零配件生产、供应企业构成了采购供应物流的起点；运输企业构成了干线运输层；围绕整车生产厂的仓库群构成了仓储层；供应商的配送部门或整车生产厂的供应部门构成了配送层。在配送到生产线之前，所有零配件均由供应商负责，增加了供应商的压力，而整车生产厂由于要面对许多仓库，其配送管理难度很大，配送效率和及时性也大打折扣，成为入厂物流系统的薄弱环节。

随第三方物流的形成和发展，出现了汽车生产企业的自营物流模式与第三方物流模式有机地结合模式，综合两者的优点，汽车企业内部汽车物流由制造商负责，汽车制造商的原材料、零部件，供应物流主要由第三方专业物流公司负责，汽车产成品的分销物流一部分由第三方物流公司负责，另一部分则由制造商自己完成，最后过渡到完全由第三方物流公司负责。

以下是对第三方汽车物流企业基本情况介绍。它包括所拥有的资源、服务类别、主要服务的客户等方面进行的统计分析，见表3.2。

表 3.2 主要从事第三方汽车物流企业情况

序号	物流企业名称/体制	企业概况/服务地域	运输工具/服务类别	主要服务企业
1	武汉中原发展汽车物流有限公司	成立于 1989 年，下设广州、重庆两个分公司，3 个专业商品车中转库，并在全国建立了 16 个办事处，现有员工 400 余名	从事商品车运输、仓储、配送业务。拥有大型商品车运输车辆 168 辆，在汉阳港附近租地 30 多亩，建立起武汉仓储中心库	北京现代、沈阳金杯、东风汽车股份有限公司
2	长久汽车物流有限公司	创建于 1992 年，1997 年成立吉林省长久实业有限公司，2003 年 8 月正式成立吉林省长久集团。目前，设有 17 个子公司，8 个分支机构，总资产 6.5 亿元	提供整车物流规划、仓储、运输、汽车销售、售后服务等服务。在北京、南京等地建有 8 个商品车仓储基地，仓储规模达 66 万平方米，一次性存储能力为 5 万辆轿车	北京现代汽车、海南马自达、奇瑞汽车一体化物流
3	重庆嘉川物流有限公司	成立于 1994 年，公司总资产约为 2.2 亿元，现有员工 800 多人	拥有运输车辆 700 余辆、仓库 8000 余平方米。下属有 4 个子公司、3 个修理厂，在北京、上海等地设有十多个分公司	重庆五十铃汽车、长安福特汽车、长安铃木汽车及为其他汽车企业商品车运送
4	中信物流有限公司	隶属于中国中信集团公司，1993 年开始从事道路货物运输业务，公司注册资金 2 亿元人民币	各类商品车专用运输车 1100 余台，运输车辆配备有 GPS 系统，年运输商品车能力达 30 万台	一汽大众、郑州日产、北汽福田、北京现代、东风日产、海南马自达
5	吉林省华航汽车物流有限公司	吉林省华航汽车物流有限公司吉林省华航实业集团的全资子公司，拥有员工 500 余名	拥有 3 个汽车仓储分拨中心，4 个双层车运输服务队，200 余辆双层运输车，资产近 2 亿元	长春汽车集团、昌河汽车

续表

序号	物流企业名称/体制	企业概况/服务地域	运输工具/服务类别	主要服务企业
6	天津安达物流公司	隶属于天津安达集团，是安达集团的全资子公司。公司的固定资产为2亿元人民币	拥有专用轿车运输车298辆、整车仓库30万平方米、火车专列2列，仓库26万平方米，年吞吐商品车达30万辆	天津一汽丰田、上海大众、武汉神龙、风神蓝鸟
7	北京中远汽车物流有限公司	中国远洋物流公司下属的专业汽车物流公司，业务包括：集装箱海运、货运代理、进口报关、报验、陆运、仓储等服务	在北京顺义汽车城投资建立物流优化中心	中华轿车、金杯汽车、北京现代
8	长安民生物流有限公司	中外合资企业，长安集团持有40%股份，是第一大股东，其他股东包括民生公司、美国美集物流等	拥有重庆长安汽车集团物流仓库、设施、场地等	长安福特、长安铃木、重庆五十铃
9	中联物流有限公司	民营股份制企业，注册资金1000万元	从事汽车物流资源整合项目，60辆商品车运输车	江铃汽车、长丰汽车、昌河轿车等

对上述第三方汽车物流企业的业务情况作归纳分析如下。

第一，第三方汽车物流企业已开始进入汽车生产企业物流领域。即使是汽车生产企业自营物流，第三方汽车物流企业也能从某些单项业务中占有一定的分量，成为一支迅速成长的力量。

第二，由于是社会第三方物流企业，受汽车生产企业物流资源的局限，基本上不掌握汽车生产企业物流资源的主动权，特别是在有自营物流（剥离物流、合资物流）经营的汽车生产企业，多数只能承接转包的二手物流转手业务。

第三，第三方汽车物流企业还没能进入汽车生产企业的物流规划、一体化物流管理和运作。一般只是在单项业务方面与汽车生产企业签订总承包或分包业务，如在商品车发运、零部件运输、零部件配送上线等单项物流业务较多。

第四，商品车运输数量大、业务数额大、与汽车生产、管理较为独立，业务流程简单等，是第三方汽车物流企业参与最多的单项业务。

第五，在第三方汽车物流企业中，对运输工具、物流资源的行业内整合比较重视，主要是利用各自掌握的商品车资源的互换合作。

第六，第三方汽车物流企业物流服务的运作点和业务范围较汽车生产企业自营物流要广，往往是一家第三方汽车物流企业为多家汽车生产企业服务。

第七，在国内中型汽车生产企业中，由于他们承受不起合资企业高价格的物流服务，同时又受到自身生产数量有限的约束。因此，第三方汽车物流企业的业务有较好的发展前景，并有向物流规划、物流管理运作一体化方向发展的趋势。

第八，形成规模的第三方汽车物流企业已开始拥有专业化物流运作经验与技术，专业的物流网络及设施、专业化的物流运作管理人才，以及现代化的物流信息系统。

从上述情况归纳分析看出，汽车生产企业在对生产供应链管理过程中，物流规划、订单下达及物流管理等总体上是由汽车生产企业控制运营，主要物流项目中零部件、原材料供应物流和商品车销售物流采取的经营策略差别较大。

供应物流由于涉及比较复杂的生产计划、订单下达、上游供应商管理与供应商资金结算、仓库储存、生产线配送等因素，关系到对生产发展总体考虑、物流规划、场地安排和对合格的第三方物流服务提供商的选择等。

对第三方汽车物流企业来说，零部件供应物流管理技术难度大、占用资金多、仓储场地大、仓储设备与人力多，与汽车生产企业各部门联系沟通复杂、在有选择时往往先选择从商品车销售物流入手，使得社会第三方物流企业进入汽车生产企业供应物流领域相对缓慢。一般由生产商自营或由汽车生产商剥离出来的第三方物流服务商运作，汽车生产商在政策、资金、场地、专业人才等方面都给予支持。

汽车生产销售物流从商品车下生产线进入仓库开始，到发车运输、地区中转库管理、送达经销商等过程，有流程清晰简单、管理难度低、资金占用量相对较少、资金结算周期短、所产生的物流营业金额大等特点，比较适合社会第三方物流作为进入汽车物流运作的起点。

目前汽车生产企业主体物流管理的经营主导权在汽车生产企业自己手中，供应物流主要采用的是汽车生产企业自营、企业剥离第三方物流及中外合资汽车物流企业经营。由于商品车销售物流流程清晰和简单，因此，各汽车生产企业都放开给社会符合资质条件的第三方物流企业参与运输，是功能性外包份额最大的部分。一些汽车生产企业还将商品车销售物流的运作整体交由社会第三方物流企业负责经营管理。

从以上分析得出结论，汽车生产企业已从过去单纯产供销一体化经营物流模式，向多种物流体制模式转变。

第四节　第三方汽车物流企业竞争性定位分析

对第三方汽车物流企业竞争性的研究，本书借助了波特竞争五力模型分析方法。迈克尔·波特提出了产业竞争五力模型，用于分析产业竞争环境，指出产业竞争存在五种基本力量，这五种力量的状况及其综合强度，决定着行业的竞争激烈程度，同时决定了行业的最终获利能力。五种基本力量分别为：行业内对手的竞争，供货商讨价还价能力，购买者讨价还价能力，潜在进入者的威胁，以及替代产品的威胁。五种作用力决定了产业的盈利能力，因为它们影响价格、成本和企业所需的投资——即影响投资收益的诸多因素。五种作用力的综合作用力随产业的不同而不同，随产业的发展而变化（迈克尔·波特，1985c）。

对汽车物流企业竞争性分析，主要是分析汽车产业中的物流企业竞争格局，以及汽车物流行业和其他行业的关系。汽车物流行业的结构及竞争性决定着汽车物流行业的竞争原则和物流企业可能采取的战略。因此，对汽车产业物流业竞争性分析是第三方汽车物流企业制定战略的主要基础之一。

一、汽车物流行业新加入者的威胁

从事物流经营企业要进入汽车生产领域，决定进入障碍大小的主要因素有以下几个方面。

（一）第三方汽车物流企业在生产领域的规模经济

首先，第三方汽车物流企业在物流规划、原材料、零部件及商品车运输和仓储、零部件仓储和配送上汽车组装生产线等物流服务职能上的规模经济，都可能是其进入的主要障碍。

其次，表现在某种或几种经营业务和活动上。例如，商品车发送运输过程中能承担起的跨地域的运输能力、运价成本、运输过程中对商品车外观质量、运输过程的时间保证等。因此，由第三方物流企业所承担的运输服务就形成了运输能力的经济规模。

再次，表现为汽车物流过程服务的整个联合成本，即企业在生产主导产品的同时，并能生产副产品，使主导产品成本降低。这就迫使新加入者也必须能生产副产品，不然就会处于不利地位。如第三方物流企业在为汽车生产企业提供零部件运输服务过程中，还可以提供仓储服务、提供将零部件配送到生产线组装的服务。物流企业在为汽车生产商运输零部件的同时，还可为零部件生产商运输原材料；在为汽车生产企业提供仓储的同时，还可为汽车零部件生产商提供零部件区域的仓储服务，还可扩展到区域零部件配送等。

最后，表现为纵向联合经营，如第三方物流进入汽车生产商物流运作规划开始，从给零部件商下达交货指令开始，直至运输、仓储、物流加工、配送上生产线、质量差的零部件返回供应商、零部件产品结算等的一体化运作。这就迫使新加入者必须联合进入，若不联合进入，势必在价格上难以承受。

（二）物流服务产品差异优势

物流服务产品差异优势是指原有第三方物流企业所具有的产品商标信誉和用户的忠诚性。造成这种现象是由于企业过去所做的宣传、为用户服务所得到的认可、物流服务商与汽车生产企业高层及相关部门和相关人员所建立起的关系、提供差异化的物流服务产品或者仅仅因为该物流企业在该行业或所在汽车生产企业承担物流服务的历史悠久。

产品差异化形成的障碍，迫使新加入者要用很大代价来树立自己的信誉和克服现有用户对原有产品的忠诚。这种努力通常是以亏损作为代价的，而且要花费很长时间才能达到目的。如果新加入者进入失败，那么在广告商标上的投资、花费在进入汽车物流领域的公关费、运作费用是收不回任何价值的。

（三）物流服务所需资金需求

资金需求所形成的进入障碍，是指在汽车产业中的物流经营不仅需要大量资金，而且投入的风险性大。加入者要在持有大量资金、冒很大风险的情况下才敢进入。形成需要大量资金的原因是多方面的，如购买物流运输车辆、起重设施、仓库用地和仓库设备等需要资金，提供用户信贷，存货经营等，而且汽车生产企业还保留一段时期后，重新招标新服务商的权利。如果不能成为汽车生产企业的长期服务，会使物流服务商的资金投入造成风险。

（四）重新选择物流服务商的转换成本

汽车生产企业将购买一个物流服务商的服务转到购买另一个物流服务提供商的产品所支付的一次性成本。它包括新物流服务提供商重新认识汽车生产企业环境和人员，适应新企业的业务流程，重新训练物流业务人员，增加新设备，检测新资源的费用等。如果是由过去第三方物流服务提供开发的信息系统，还要支付购买费用或支付重新开发的费用等。如果这些转换成本高，那么新加入者必须为购买商在成本或服务上做出重大的改进，以便购买者可以接受。

（五）第三方物流服务提供商在所服务企业的地位

第三方物流服务提供商已经进入汽车生产企业的供应链并为原材料、零部件商提供服务。新加入者要想进入某一环节，必须通过建立自己的品牌、投入建立与目标客户的关系资本、让利的业务合作、广告津贴和其他手段等来说服汽车生产商及那些供应链上的企业接受它的物流服务产品。这样就会减少新加入者的利润。物流服务产品的销售管道越有限，第三方物流服务提供商与现有企业的联系越密切，新加入者要进入该行业就越困难。

（六）与规模经济无关的成本优势

原有的第三方汽车物流企业常常在其他方面还具有独立于规模经济以外的成本优势，新加入者无论取得什么样的规模经济，都不可能与之相比。它们是人际关系资本、专利产品技术和独占最优惠的资源、占据市场的有利位置，如与当地政府关系，与专用汽车运输码头，以及拥有专用汽车运输大型平板车等运输工具，所购买的大型超长超宽运输车辆的上牌限制政策，汽车生产领域物流专用计算机软件，对汽车生产企业运作流程熟悉的专业人才等。

二、现有汽车物流企业之间的竞争程度

现有已真正进入汽车生产企业的第三方物流服务供应商并不太多。由于汽车生产企业供应链管理环节复杂的特殊性，并不希望一个生产企业同时有多个物流服务供应商进入其核心产供销领域，而是希望拥有一个价格合理、服务水平高、整合资源能力强，以及企业实力雄厚的物流服务商作为战略合作伙伴长期合作。但作为为汽车生产企业提供服务的物流企业，则是要千方百计地扩大其服务领域。由于汽车生产原材料、零部件产地的分散，商品车运送地域的分散，物流服务商要取得应有的效益，则要通过运输线路、中转场地、运输车辆、仓库利用等规划找出资源有效整合和利用的空间，只有形成规模化经营，在整个汽车生产供应链上优化整合资源才能达到提高效益效率的目的，这样就形成了汽车物流企业之间的竞争。

第三方汽车物流企业之间的竞争，采用的竞争手段主要有降低价格战，运输、仓储、配送一体化物流服务的运作能力，提供先进的信息系统为汽车生产商服务，增加供应链管理信息与汽车生产商联网，增加物流加工服务和物流售后服务，如送车途中损坏承担维修服务等。

第三方汽车物流企业之间竞争的产生，是由于一个或多个竞争者感受到了竞争的压力或看到了改善其地位的机会。

在如下情况下，现有第三方汽车物流企业之间的竞争会变得很激烈。

第一，有众多或势均力敌的竞争者。在中国，目前主要的汽车生产企业都是与国际汽车寡头合作，共同组织生产及开拓市场，当这些国际汽车生产商与中国企业合作的同时，它们在国际上或原企业的物流合作企业也同时与汽车生产商一起进入中国市场，这类企业具备相应的物流技术和资金实力，

急于在中国汽车生产企业的物流运作中分一杯羹。

以昌河汽车集团在江西九江新建的轿车生产基地，在2005年3月招标引入第三方物流服务商为例，参加投标的除了当地的物流公司外，还有来自为广州本田汽车提供物流服务，广州汽车集团与日本日捆物流合资建立的广州富田—日捆物流公司，以及由上海汽车集团公司与荷兰天地物流（TNT）合资建立的上海安吉汽车物流有限公司等参与投标竞争，在汽车生产企业出现的势均力敌的物流企业，会使汽车生产行业的物流竞争更加日趋激烈。

第二，汽车生产行业增长缓慢。在汽车工业生产高速增长的时期，各汽车物流服务商为适应所提供服务的汽车生产企业的高速增长，在物流运输、起重、仓储、信息系统、物流加工设备、人员等设施的配套上，也相对快速投入大量的资金，一旦汽车工业生产受国家政策、市场购买力、新技术的出现、能源、交通等多种因素的影响，汽车生产企业生产能力放缓时，物流企业未能充分发挥潜能或物流设备、仓储设施大量空置时，会急于扩大市场份额，以物流服务低价抢夺市场的恶性竞争。

第三，汽车生产行业物流具有较高的成本。据世界银行估计，中国的物流成本约占GDP的16.7%。平均起来，制造商90%的时间是花在物流上，只有10%的时间是花在生产上。很明显，低效率导致了高库存及货物运转慢等众多弊端（赵扬，2013）。中国汽车生产行业物流成本主要是由汽车生产、零部件生产的集中度、汽车生产的经济批量、现代物流技术的运用、物流企业的资金投入、现代物流人才等多方面的因素综合造成。由于汽车物流成本处于较高的状况，随汽车生产规模的不断扩大，汽车物流成本变得有较大的压缩空间，第三方汽车物流企业通过供应链环节的优化运作，获利变得清晰。可见，利润的驱动使竞争会变得激烈。

第四，汽车物流行业的服务没有差别或没有行业转换成本。由于汽车生产行业长期以来是以产供销一体化自营组织物流运作，一些汽车生产企业引入和采用第三方物流提供服务的时间并不长，在使用现代物流技术手段和方法等方面有一定的差距，但并不是太大。这就给要进入汽车物流的企业提供了空间。新进入的物流企业还可以投入先进的信息技术、采用物流金融等能转换行业成本，以及控制汽车供应链上下游企业等物流企业新的手段和方法等，参与汽车物流的竞争。

第五，汽车生产行业中的总体生产规模和能力大幅度提高。目前各汽车集团不管是以自营物流，还是外包方式经营物流，基本上都有比较固定的物流服务提供商。当各物流企业随汽车生产厂经营规模的扩大而不断壮大时，当汽车生产企业和物流服务提供商真正感觉到产品市场的竞争是供应链与供应链的竞争时，这些成长起来的物流企业在供应链上需要有更大的回旋，在运输线路、仓储配送、物流战略点、规模经营等方面更需要统筹规划，汽车物流服务提供商会千方百计扩大自己的势力范围，这种扩大范围以将竞争对手的业务集中到自己手上为目的，这时竞争开始出现。

第六，竞争者在战略、目标以及组织形式等方面有差别。当前第三方汽车物流企业基本是以对应某一汽车生产企业来提供单一对象的物流服务（有一些具有大量运输能力的汽车物流企业，也只是在商品车运输过程中，为其他汽车生产企业的物流服务商进行部分商品车对流运输）。受现代物流理念、地理区域、资金、人才、技术、地方保护因素等制约，尚极少见到将整个汽车生产和销售物流作为战略来统筹规划考虑的物流企业，就算有这种战略规划也受各种因素制约难以实现。汽车物流的获利来源很大程度上是取决于全盘考虑、统筹规划、规模经营，能统筹战略规划的企业，因此第三方汽车物流企业就还有进入汽车物流市场的空间。

中联物流公司以较高的收购成本收购了国有上市公司湖南猎豹汽车集团物流公司的资产，获得了独家经营猎豹汽车集团下属两个汽车生产基地的物流业务；同时，它通过投标获取昌河汽车九江微型车厂的物流服务业务，在江西南昌、江西九江、湖南长沙、湖南永州等四地同时开展汽车物流服务，就是出于整体战略来考虑，在获取物流业务的基础上，取得了地域回旋施展机会、规模经营机会，取得了统筹物流的运输、仓储规划等方面的优势。

虽然在汽车产业引入第三方物流经营服务的理念已经成熟，但在汽车生产企业中，自营物流、合资物流经营、国有物流企业运作、私营小规模运作、分散物流运作等各种方式和经营体制同时并存，选择较好的体制为汽车生产企业提供服务的空间还存在。

第七，汽车行业对第三方汽车物流企业兴衰至关重要。汽车产业兴衰对第三方汽车物流企业兴衰至关重要，而且汽车生产企业取得的成功性越大，那么汽车产业中物流企业之间的竞争就会更加激烈。

对于刚兴起的汽车物流市场，在汽车生产和销售两旺的带动下，会越来越受到整个物流行业的重视，一些传统的、规模大的物流企业并未能进入汽车生产商的物流市场，如中外运物流、宝供物流、中海物流等中国前几名的物流商及外资物流企业，受专业化服务能力及各种因素制约还在汽车物流市场外徘徊，寻找进入汽车物流市场的渠道，这类物流企业在地域、分支机构、物流人才等方面有一定的优势，只是在汽车商品车运输的专用车辆和进入汽车生产商领域的机会上有所不足。今后汽车生产企业在选择规模、服务能力和区域经营能力时，这类物流企业将是较强竞争者。

第八，退出汽车生产行业的障碍大。汽车物流服务商一旦进入汽车生产企业，为其提供物流服务后，越是服务的种类多，越能统筹规划降低成本，物流服务商若能在汽车生产企业在物流规划、物流计划、运输、仓储、物流加工、配送等各环节参与汽车生产商的日常运作，同时，在仓库、信息系统的软件和硬件、网络、客户资源等方面进行了投入，这时其与汽车生产商的关系将会变得十分密切或者达到密不可分的程度。从过去汽车生产企业选择物流服务提供商变成不可缺少的战略合作伙伴，这样汽车生产商要物流企业退出另选物流服务商的成本和风险会极大地增加。稳定的市场会给物流企业投资和进入的信心，同时也会加大市场竞争的压力。

三、替代第三方物流服务的威胁

在国外先进汽车生产国家，第三方物流规模发展已有20多年。事实证明这是有效的，它能让汽车生产商集中精力做好汽车新品种及性能的研发，集中精力按客户需求组织柔性生产，集中精力做好销售和售后服务。替代第三方物流的服务只会在第三方物流服务要价过高，使汽车经营商无力承受，或在所有的第三方物流服务提供者都达不到汽车生产商的要求时，汽车生产商会重新走回自己经营物流的道路。

四、生产商购买物流服务讨价还价的能力

近年来，随着汽车生产企业的大生产、专业化和市场细分的演进，诞生了一些为汽车生产企业提供服务的物流企业。除了从汽车生产企业剥离出来的物流企业外，一般是新成立的物流公司或由传统运输、仓储类型企业转而成为汽车生产企业提供服务的第三方物流企业。由于第三方物流企业对汽车生产组织的特殊性、复杂性并不完全掌握，并急于进入汽车生产行业，汽车生产商往往有较强的讨价还价能力。具体表现在以下几方面。

第一，汽车生产企业有确定物流服务提供商的经营权。汽车生产企业具有招标选择物流服务提供商的决定权。一般汽车生产商选择物流服务提供者主要从是否具有较好的物流服务理念、今后发展的潜能、提供商品车发送运输服务价格/公里、提供商品车运输服务的线路、一体化经营汽车生产采购、储存、物流加工、配送等各环节的物流运作的能力等几方面来选择物流服务供应商，选择权在汽车生产企业。为获得提供服务的机会，物流服务商会千方百计地迎合汽车生产商需求，会采取价格上的让步、提供与物流相配套的

信息系统、运输工具和仓储设施等，方式来获取进入汽车生产企业的机会。

第二，汽车生产企业相对集中，并且大量购买物流服务。当前深入汽车生产环节的物流服务提供商往往不止一家，如在商品车的发送环节，有多家企业同时参与运输。以昌河汽车集团为例，最多时有30多家物流企业为其提供商品车运输服务，大家都不能产生规模经营。当汽车生产企业将其集中为由一家物流公司运输时，就有了较大的降价条件。

第三，汽车生产企业购买的物流服务占很大的比重。汽车生产供应链物流环节分为生产前的采购物流，生产过程中的零部件加工、配送，车间内移动等物流运作，商品车下线后的销售物流，汽车零部件更换回收等逆向物流等。在各环节都有不同的物流服务供应商在提供服务，如集中一家或少数几家提供服务而又不影响日常生产时，汽车生产商可以利用集中服务的机会对物流服务商出更低的价格，获取更好的物流服务。

第四，从汽车物流供应商处购买的服务属于标准化。以商品车运输为例，如只依靠一家物流服务供应商来组织全部商品车的发送，那么商品车运送服务的价格会高，汽车生产商压价的能力相对较弱。目前，各个从事商品车运输的物流企业基本上已趋于标准化，汽车生产商引入多家物流服务商共同组织商品车运输，或以价低、服务水平者高者多运，则能降低商品车物流服务的成本。

第五，汽车生产商转换物流服务供应商成本低。汽车生产企业如果要用过高的转换成本更换物流服务供应商，会将购买物流服务固定在特定物流服务供应商的身上。相反，如果转换成本低，随时可以找到可替代的物流服务供应商时，汽车生产企业对物流服务供应商的讨价还价能力就大。

第六，汽车生产企业外包物流服务的收益很低。当汽车生产企业将其物流企业外包后，发现在经营管理上没有明显的提升，第三方物流所提供的服务没有明显改进，所得到的实惠较低并不能达到原设想的期望值时，他们会考虑将已外包的物流服务收回，自身进行经营。这时对物流服务供应商讨价还价能力就大。

第七，汽车生产企业采用后向一体化的物流策略，对现有的物流服务供应商构成威胁。汽车生产企业可以让那些急于进入为主机厂配套的原材料、零部件供应商，在提供原材料、零部件的同时，一并提供这类货物进入生产厂的运输、仓储、配送上生产线的物流服务功能。这样他们一方面是要这类供应商让利，另一方面是给现有的物流服务提供商压力，使其降低物流服务价格。

第八，汽车生产企业掌握物流服务供应商的充分信息。当前同一类型企业之间的竞争，已经是企业与企业之间供应链的竞争，物流服务供应商的相当精力是放在整合和优化供应链环节，供应链各环节与物流企业充分合作，可拓展各自的获利空间。以汽车生产企业商品车运输为例，多数汽车物流企业以手中掌握的商品车资源为条件，在物流企业之间开展资源互换、互利对流的方式。这样可使不同地域的汽车物流企业，在使用大型专用平板车运输商品车过程中减少空载。

例如，长久汽车物流公司负责将长春一汽生产的商品车，用大型平板运输车运到广州后，再利用其还回的空载车辆，将广州花都的东风日产汽车运回东北市场。相反，广州东风汽车物流公司用大型专用平板车将广州花都生产的东风日产商品车送往东北地区，返回广州时将长春一汽车商品车运往广东市场。

汽车物流企业之间的商品车资源互换，有利于物流企业双方减少车辆空载行驶，降低经营成本。在各地建立起这样的合作渠道需要较好的经营思路、花费大量的时间成本、资金成本、人力成本和相互之间的合作。物流服务商与供应链各方之间在运输线路，运输的时间、数量、价格等达成协议，一旦这类资料被汽车生产商完全掌握，汽车生产商可以撇开物流服务商自行经营，也可以直接将商品车交由价格好的运输商经营，给现有物流服务商构成威胁。

五、第三方汽车物流服务商讨价还价的能力

第三方物流企业讨价还价的能力是很弱的，但基于汽车生产的复杂性，第三方物流企业通过所提供的服务，掌握了其物流运作的内在规律后，讨价还价的能力会有所增强。那些服务全面周到的企业，其讨价还价能力就越强。其表现如下。

第一，如果为汽车生产企业提供服务的物流公司，在汽车生产采购供应链环节与商品车销售物流环节上进行控制，其控制的集中化程度要高于汽车生产企业控制的集中化程度。这样，物流服务提供商能够在价格和其他的条件上对汽车生产商施加相当大的影响，如汽车生产企业没有能力将其生产的车辆发运至全国各地营销地，而某一第三方汽车物流企业具备这种实力时，其讨价还价能力就越强。

第二，汽车生产商另行选择物流供应商或由汽车生产企业自行承担物流运作，但这样会给汽车生产企业造成相当大的损失。

第三，由于汽车生产能力的下降或汽车生产商将支付物流服务的费用压得很低，使物流服务供应商没有获利的空间时，对物流服务供应商来说，已做好了放弃准备，这时讨价还价能力会强。

第四，对于汽车生产企业来说，所选择的第三方物流服务供应商的产品是很重要的生产要素，如投入了大量的设备设施，投入了供应链与生产环节相连的信息系统，第三方物流服务供应商提升了原有的服务水平，帮助了生产企业的管理等。

第五节　第三方汽车物流创新性服务模式

第三方汽车物流企业核心能力表现为第三方汽车物流的创新性服务能力。这些创新性主要包括：物流服务理念的创新、技术创新和服务创新。与传统物流相比较，其最大的区别在于符合汽车生产企业发展所产生的需求变化，创新性的服务模式主要对应于传统物流企业较为单一的仓储、运输模式而言。

第三方汽车物流企业创新性服务模式，还体现在运用物流生产要素从事汽车产业物流服务经营的业务运作能力，而这种能力应是动态的，以适应或超越汽车生产企业发展的营销观念和服务需求为目的，满足汽车生产企业的现实需求和潜在需求。创新性服务模式可以向以下九方面拓展。

一、现有基础上物流服务模式两端延伸

第三方汽车物流企业在现有物流服务的基础上，通过向两端延伸，向汽车生产企业及供应链上下游客户提供更加完善和全面的物流服务，从而提高物流服务的附加价值，满足客户高层次物流需求。如原来只负责为汽车生产企业保管汽车轮胎的仓储企业，利用掌握的汽车轮胎资源和汽车生产企业对轮胎的需求信息资源，通过购买部分车辆或者整合企业外部车辆，将经营范围从单一轮胎保管，向供应链的上游扩展到汽车生产厂的轮胎运输，向下游扩展到为生产装配线配送轮胎服务。这种模式对于从事单一功能物流服务的物流企业来说，不仅拓展了物流服务范围，而且还达到了提高物流服务层次的目的。

二、整合汽车行业供应链管理模式的拓展

第三方汽车物流企业通过运用现代技术手段和专业化的经营管理方式，

在拥有丰富行业经验和了解客户需求的基础上，在汽车供应链物流环节领域内，提供全程或部分专业化物流服务的模式。例如，专业化从事汽车商品车运输企业，从大型专业运输车辆的设计方面开始，适应这些商品车的运输特点，为汽车生产行业的多家企业提供汽车商品车的专业运输。这种经营模式的主要特点是将汽车物流服务的对象分为单一的行业领域，针对个别行业进行深入细致的研究，掌握该行业的物流运作特性，提供具有特色的专业化服务。

行业物流服务模式是把第三方汽车物流企业的经营理念、业务、管理、人才、资金等各方面优势于一体，将现代物流企业核心竞争力和竞争优势的集中体现。上海安吉汽车物流公司的优势之一就是在整个汽车生产行业中寻找专业运送商品车的商机。它利用信息系统指挥和调度近千台大型运输车辆，一些车队常年驻守在不同地域的汽车生产企业，每年运输商品车数量达到近50万辆，显示出该企业在汽车生产行业领域专业化和规模化的优势。

三、个性化物流服务模式的拓展

该模式就是第三方汽车物流企业为具体的项目提供全程物流服务的模式，如某一汽车生产企业要将商品车运送到西藏，西藏海拔高，运输线路复杂，运输人员要经过专门的选拔，商品车运输车发动机的马力要求大功率等，实施这种模式的物流企业必须具备丰富的物流运作经验和强大的企业实力。重庆嘉川物流就专门承接这类项目，在项目物流方面取得了不菲的成绩。

另外，第三方汽车物流企业还可根据客户的需求，为客户提供专项服务。例如，汽车排气管有2米多长，排气管生产厂为了运输方便和节省运输成本，将排气管总装的工作放到目的地进行，由专门负责仓储业务的部门，为其提供总装并配送上生产线。为客户提供项目物流服务类型比较多，如轮胎总成装配、后视镜总成装配等，第三方物流企业在完成运输、仓储保管任务后，提供物流加工、配送上线，以及结算等物流业务。

四、定制式物流服务模式的拓展

第三方汽车物流企业与汽车生产企业建立起战略合作伙伴关系，专门为该生产企业定制个性化的服务内容，如为该汽车生产企业提供从原材料采购到产成品销售过程中各个环节的全程物流服务模式，涉及储存、运输、加工、包装、配送、商品车运输、物流规划咨询等全部业务，甚至还包括订单管理、库存管理、运输计划管理、供应商协调等在内的其他服务。现代物流服务强调与客户建立战略协作伙伴关系，采用定制式服务模式不仅能保证第三方汽车物流企业有稳定的业务，而且能节省企业的运作成本。第三方汽车物流企业可以根据汽车生产企业的实际情况，制定个性化的物流运作方案，以最低的成本提供高效的服务。

五、专家型物流咨询服务模式拓展

第三方汽车物流企业利用专业化运作的优势，利用专业人才优势，深入汽车生产企业内部，为其提供市场调查分析、物流系统规划、成本控制、企业流程再造等相关服务的经营模式。第三方物流企业在为客户提供物流咨询服务的同时，帮助企业整合业务流程与供应链上下游关系，进而提供全套的物流解决方案。江西中联物流公司前期就是通过对江铃汽车集团提供物流咨询，进而设计商品车发运解决方案服务开始，最终获得总承包商品车运输业务。

第三方汽车物流企业通过物流咨询带动其他物流服务的销售，区别于一般仓储、运输企业的简单化服务，有助于增强企业的竞争力，具有良好的发展前景。

六、输出汽车供应链物流管理模式

第三方汽车物流企业在拓展市场时，强调自己的成功案例、物流服务网络、信息系统优势及物流人才等，为客户企业提供物流管理与运作的技术指导，并由物流企业接管客户企业的物流设施或者成立合资公司承担物流具体运作任务的服务模式。例如，某汽车物流企业为佳通轮胎制造公司设计轮胎分销管道网络，佳通轮胎在江西的主要客户是江铃汽车集团和市场的零售商，由该物流公司利用计算机管理信息系统辅助佳通轮胎的江西区中心仓库管理，提高佳通轮胎送往汽车生产企业和各区零售店的运作能力。

采用管理输出方式时，可有效减少客户企业内部物流运作与管理人员的抵制，使双方更好的开展合作。采用物流管理输出模式时，可以利用客户企业原有设备、网络和人员，避免了大量的资本性投入，并迅速获取运作能力，加快了相应市场需求的速度。

具体运作方式有两种。第一，系统接管客户物流资产。如果客户在某地区已有车辆、设施、员工等物流资产，而物流企业在该地区又需要建立物流系统，则可以全盘买进客户的物流资产，接管并拥有客户的物流系统甚至接收对方的员工。接管后，物流系统可以在为该客户服务的同时也为其他客户服务，通过资源共享提高设施利用率并分担管理成本。第二，与客户合资成立物流公司。这种方式对客户来说，由于注入了专业物流公司的资本和技能，可以提高客户的物流服务水平和能力。同时，客户保留物流设施的部分产权并参与物流运营，有利于保持客户对物流过程的有效控制。物流企业则可以借助客户的资源开展物流经营，长期保持与客户的业务关系。

七、汽车供应链物流连锁经营拓展

特许者将自己所拥有的商标（包括服务商标）、商号、产品、专利和特有技术，以及经营方式等，以特许经营合同的形式授予被特许者使用。被特许者按合同的规定，在特许者统一的业务模式下从事经营活动，并向特许者支付相应费用的物流经营形式。

在第三方汽车物流企业中最常见的是商品车物流，拥有汽车生产企业商品车资源的第三方汽车物流企业，让有商品车运输工具的小型企业或个体车辆拥有者，挂靠在自己公司旗下，利用统一的管理标准、统一的识别标识、为汽车生产企业提供服务。

第三方汽车物流企业区域物流连锁经营借鉴了成功的商业模式，可以迅速地扩大企业规模，实现商品车销售物流的网络建立，汇集资金、人才、客户资源的目标，同时在连锁物流企业内部，可以利用互联网技术建立信息化的管理系统，更大程度上整合物流资源，并用以支持管理和业务操作，为汽车生产企业提供全国范围内的商品车运输服务。

八、汽车物流资源与金融结合拓展模式

物流金融是一个新的概念，是指在供应链业务活动中，运用金融工具使物流产生的价值增值的融资活动。在物流金融中涉及三个主体：汽车物流企业、客户和金融机构、汽车物流企业与金融机构联合起来为资金需求方企业提供融资，物流金融的开展对这三方都有利益。

第三方汽车物流企业开展物流金融服务，不仅可以减少客户交易成本，对金融机构而言则降低了信息不对称产生的风险，成为客户与金融机构的“黏结剂”，而且成为物流企业的重要的业务模式。

物流金融运作模式主要有抵押、担保、垫资等模式，在实际运作过程中，可能是多种模式的混合。第三方汽车物流企业所从事的汽车零部件物流，由于价格高、数量多、周期长，有利于开展物流金融业务。

例如，目前汽车制造商零部件订货主要以自有资金和自我操作来完成，

可以把一部分订货的权利给第三方物流，现在有的汽车生产商可以把汽车生产的年计划、月计划、周计划交给第三方物流。由第三方物流按汽车生产厂的计划向零部件供应商取货。在取货时，物流企业先将一部分钱付给零部件供应商，一部分仓单质押，货到收款后再一并结清。这样做既可消除零部件厂商资金积压的困扰，又可让买家卖家两头放心。资金可由银行提供，如果物流企业自有资金充足的话也可由物流企业全部垫资。

开展汽车物流金融业务，使物流管理从物的处理提升到物的附加值方案管理，可以为客户提供金融融资的物流供应商在客户心中的地位会大幅度提高，物流金融将有助于形成第三方汽车物流企业形成自己的竞争优势，防范竞争对手的入侵。

九、战略联盟增强汽车供应链物流竞争力

第三方汽车物流企业为了达到比单独从事物流服务更好的效果，彼此之间形成互相信任、共担风险、共享收益的物流伙伴关系的经营模式。

战略联盟可分为第三方汽车物流企业之间、第三方汽车物流与汽车生产企业之间、第三方汽车物流与不同行业领域之间等多种战略联盟模式。

例如，某第三方汽车物流企业在汽车零部件生产最为集中的上海建立汽车零部件仓储中心，与当地的物流企业签订区域运输协议，专门从上海、南京、浙江、江苏一带向汽车零部件生产厂家收集部件，集中在上海仓储中心。另一些物流公司专门从事跨区的干线运输，从上海汽车零部件仓储中心，向广州、南昌、武汉等跨区域的汽车生产企业运输。在这一联盟体中，有负责获得汽车生产企业物流业务的，有负责仓储管理的，有负责区域内运输的，有专业跨区域干线运输的，不同的企业分工合作实现战略联盟共同发展。

第三方汽车物流企业自身力量薄弱，难以与掌握汽车物流资源及利益关

联的大型合资汽车物流企业竞争。因此，其发展方向是相互之间的横向或纵向联盟。这种自发的资源整合方式，经过有效的重组联合，依靠各自的优势，可以在短时间内形成一种合力和核心竞争力，形成规模优势，促进信息网络化的形成，从而使企业在物流服务领域实现质的突破，形成一个高层次、完善的物流网络体系。

在战略联盟的实施过程中，可以将有限的资源集中在高附加值的功能上，商品车运输。而将低附加价值的功能虚拟化，如分散的零部件供应物流的组织。虚拟经营能够在组织上突破有形的界限，实现企业的精简高效，从而进一步提高第三方汽车物流企业的整体竞争能力和生存能力。

从第三方汽车物流企业为适应汽车产业的发展，所采用的创新服务手段来看，第三方汽车物流企业要确立自己的核心竞争力，所采取的措施必须与本身的创新性服务能力密切相关，在当前汽车产生供应链变革时期，区别于传统仓储、运输模式的第三方汽车物流创新性服务模式，是构建第三方汽车物流企业核心竞争力基础和源动力。第三方汽车物流企业可以借此不断获取、积蓄、运用和更新当前和未来竞争所需要的各种竞争资源，特别是关系到第三方汽车物流企业核心竞争力培育与提升，主要还是从基础现代信息技术应用能力、现代物流服务观念、组织机构及不断的培训、物流服务网络的构建、组织文化等几个方面的创新性服务能力开始。

从以上论述可以看出，第三方汽车物流企业创新性服务能力，是当前汽车产业供应链管理大变革时期最为突出的竞争力。

第三方汽车物流企业创新性服务能力，适应或超越汽车生产企业发展的营销观念和服务需求，在汽车产业大发展并处于对供应链管理的大变革时期，以“物流服务延伸、专注行业服务、项目服务、定制式服务、物流管理输出服务，以及与金融结合服务”等专业化服务能力构成现代物流服务模式。

第六节 第三方汽车物流企业核心竞争力特征分析

核心竞争力理论对核心竞争力特征的描述，包括价值性、不可盗用性、耐久性、不可转移性、不可复制性、不可模仿性、有机整合性、可变性、模糊性和难以评估性等（林薇，2015）。从上述对第三方汽车物流企业基本现状、竞争性状况等因子分析，核心竞争力的关键特征有以下几点。

第一，价值性。第三方汽车物流提供的服务必须能够为汽车生产企业及供应链上客户带来价值利益。越是具有价值的能力和资源，也越是具有价值。同时，它也应该为消费者带来实惠和实际的使用价值（冉敬雯，2014）。其价值性体现在：一方面通过为汽车生产企业及供应链环节客户提供长期稳定的物流服务，使自身获得超过汽车生产企业自己经营物流所得的利润，同时还获得超过同行平均利润水平的超值利润；另一方面使汽车生产企业脱离属于非主营业务的物流运作，通过购买专业第三方物流企业的服务，获得比自己经营得更好更满意的物流服务。

归纳上述二方面含义就是，核心竞争力的提升能使第三方汽车物流企业在创造价值、降低成本和提供的服务方面比他们的竞争对手做得更好，能为汽车生产企业带来长期的价值利益，其价值主要通过第三方汽车物流企业所提供的服务体现出来。

第二，独特性。核心竞争力必须是企业所持有的，并且不易被竞争对手模仿。第三方汽车物流企业核心竞争力是在为汽车生产企业提供服务过程中形成的，在适应汽车产业供应链变革和对第三方物流服务需求的基础上，形成一系列具有特殊性的、创新性的、独特的服务能力。这种能力能使汽车生产企业放弃自己经营物流业务而交给第三方物流经营，又能使同业竞争对手难以进入。

在第三方汽车物流企业核心竞争力形成中的独特服务能力，由包含现代物流服务的理念、提供服务的手段和技能、双方获得的价值利益、与汽车生产企业所结成的战略联盟等多方面因素构成。这些内容和知识是内化于第三方汽车物流企业整个组织体系，建立在系统学习经验摸索和不断创新过程中，具有较强的持久性和进入壁垒，因而使竞争对手难以模仿。依靠这些内在的独特的能力，第三方汽车物流企业不仅能获得高于同行平均利润水平的收益，而且为企业带来持续的竞争能力。

第三，延展性。第三方汽车物流企业核心竞争力是在企业经营和管理活动中产生的，在汽车产业供应链变革过程中，依托汽车产业的发展而使自身规模和效益迅速发展。

核心竞争力的形成就是伴随着不断变化的内外环境而不断得到提升，在第三方汽车物流企业原有核心竞争力的基础上，不断克服汽车生产发展过程中对影响核心竞争力的不利因素，进一步成长出一系列新的经营方式和服务内容。

核心竞争力能够较大程度地满足客户需要，这种需要的满足往往是通过核心竞争力在新的领域的积极运用得以实现，从而可为企业不断创造新的利润（王玉英，2014），以此保持企业在汽车物流市场竞争中的优势。

例如，第三方汽车物流企业开发的将物流与金融服务结合的产品。一方面这能利用汽车生产企业高价、易于保管的过渡性物流资源质押贷款，在减轻汽车生产企业资金周转压力的同时，企业自身也获得了流动资金。另一方面这使第三方汽车物流企业与汽车生产企业之间，相互依存关系更加融洽。

第四，整合性。企业核心竞争力是不会以单体或某个片面的表现形式出现的。这种有形的核心竞争力总是以一二种核心竞争力起着主导作用，从而带动整体企业能力的提高（李桂艳，2014）。第三方汽车物流企业的核心竞争力是在不断对各类资源整合过程中形成的。

由于第三方汽车物流企业起步时间晚，从事汽车物流的企业在规模、资金、技术、人才等方面等方面，比起传统规模物流企业有相当大的差距，而信息技术能力起到带动杠杆作用，采用整合汽车生产企业零部件及整车运输资源、周转场地及仓库资源、物流设备资源，整合汽车生产供应链环节上各供应商企业物流资源，整合社会第三方物流企业运输工具资源等方式，在实现信息共享的基础上将汽车生产企业、供应商、社会物流资源整合起来，通过强化整合能力来提高适应汽车生产发展的创新性服务能力。这种综合效果能释放出巨大的威力，达到快速成长提升自身核心竞争力的目的。

第七节　第三方汽车物流企业核心竞争力核心要素分析

核心竞争力理论认为，企业核心竞争力基本要素有三项，即核心产品、核心人物和核心思想意识，而核心思想意识是连接核心产品和核心人物的连接剂（范宪 2012）。

第三方汽车物流企业的核心竞争力的构成要素可从基础设施、服务内容、行业经验、营销能力、网络服务能力、人力资源管理、行业定位、创新能力，以及企业机制等从多方面寻找。在当前汽车产业供应链管理变革的特定时期，第三方汽车物流企业核心竞争力构成最为突出的核心要素是先进的物流信息技术能力、支撑汽车生产企业的物流能力和服务网络、不断更新的现代物流服务观念，以及高效有力的组织和人力资源管理等。总之，核心竞争力就是对上述这些因素的整合驾驭能力。

一、第三方汽车物流企业营销配送能力

满足汽车生产企业的物流运作能力主要有以下四种。

第一，物流运作能力。一是按汽车生产商年度计划、旬计划、月计划、

周计划、日计划安排原材料、零部件订单及时准确、完成率高。二是在运输、仓储配送、次品零部件回收、物流加工、商品车发送等环节运作成本低。三是零部件组织、商品车运输运作时效性好，适应新业务快，意外处理能力强，服务柔性化强等。

第二，物流管理能力。物流管理能力分为内部管理能力和外部管理能力，其中内部管理能力表现为：原材料、零部件的订单管理、库存管理，产前采购物流与商品车发送运输优化等。外部管理能力包括信息服务、与零部件供应商、4S 店的客户关系管理，与交通管理部门、车站、码头、机场、公安、政府行政管理部门的公共关系管理，以及物流企业的品牌提升等。

第三，物流体系创新的能力。这主要表现为物流创新服务研究与策划、物流体系综合规划，如信息系统建设、使用和信息处理能力，供应链整合能力、开展对主要汽车零部件的物流金融业务等。

第四，物流整合能力。对汽车生产企业现有客户资源整合、能力资源整合和信息资源整合。

由于不涉及同行业之间的商业秘密，第三方汽车物流企业整合汽车生产企业资源的能力，要比汽车生产企业自营物流、汽车生产企业剥离的物流企业，以及由汽车生产企业与外资物流公司合资的物流企业有更大的优势。

第三方汽车物流企业的技术能力包括信息技术、运输技术、配送技术、装卸搬运技术、自动化仓储技术、库存控制技术、包装技术等，其核心是信息技术能力。世界上领先的汽车物流企业自身都拥有先进的管理信息系统，与互联网相链接，并以为客户量身定制物流管理信息系统的服务理念，占领市场。可以说，信息技术能力是第三方汽车物流企业保持行业领先地位的最重要的手段。

由于中国相当数量的汽车企业是中外合资生产，合资经营使汽车生产所需的原材料、零部件运输及商品车销售的范围增加。这些汽车生产企业通常都大量地进出口原材料及制成品，需要高效准确及时的物流系统来完成他们的工作，并且有相应的物流管理信息系统来监控管理其物流系统。只有提供切合其实际的物流解决方案及相配套的管理信息系统的物流企业，才会成为其选择合适的合作伙伴。

另外，由于第三方汽车物流业务需要随时处理大量的单据及信息来反映货物的流动，这就决定了物流企业自身要拥有先进的管理信息系统来支持其业务活动。

在自身建设方面，一些先进的第三方汽车物流企业管理信息系统已达到了较高的水平。

首先，企业内部信息系统的整合。大型数据库、结构化开发工具及网络技术在物流企业中的应用，使汽车物流企业建成了内部局域网，企业各部门间的信息流动基本实现无纸化。物流信息管理系统与物流企业的其他系统（如财务系统）有接口连接，内部数据实现共享。

其次，企业内部不同地区的子公司之间联网的构筑，实现了数据整合共享。由于汽车生产企业原材料、零部件、商品车销售的地域网络遍布全球，第三方汽车物流企业子公司之间的业务往来频繁，通过 Internet 实现数据的整合和数据库共享，极大提高企业的整体运营效率。

再次，第三方汽车物流企业与其他合作伙伴及客户的联网。借助企业内部系统与外部的其他合作伙伴及客户的管理信息系统，数据可通过专门的通信信道进出企业。在产品服务方面，第三方汽车物流企业为客户提供的 IT 系统实现的功能有：①仓库库存管理及供应商管理，②运输管理系统，③提供基于网络支持的各种货物查询，④自动生成各种报表等。

最后，高科技物流技术的应用。条形码技术（BarCode）、射频技术（RFID）、全球卫星定位技术（GPRS）、数据库技术（Database）、电子订货系统（EOS）、电子数据交换（EDI）、快速反应（QR）及有效的客户反映（ECR）、企业资源计划（ERP）等高科技物流技术的应用，可极大地提高第三方汽车物流企业的竞争力。

二、超越汽车生产发展的策略营运能力

现代物流服务观念经历过生产观念、产品观念、推销观念、市场营销观念、社会市场营销观念的转变，第三方汽车物流企业的服务观念也在不断发展变化。传统的观念是以企业的自身产品为出发点，局限于仓储和运输。这种以现有产品为中心的供应观念，已经落后于时代的发展。随着供应链技术的不断完善，现代的物流服务观念更加强调以市场需求为出发点，整合自身资源及汽车供应链环节资源，满足客户需求。

第三方汽车物流企业现代物流服务观念的确立需要注意以下三点。

第一，与汽车生产企业建立战略伙伴关系。第三方汽车物流企业能提供的服务主要有采购原材料、零部件、仓储配送、流通加工、商品车发运等。这种功能交易模式具有很强的替代性，易造成同质竞争。随着市场竞争的日益加剧，有的第三方汽车物流企业已改变过去与汽车生产企业的简单物流买卖关系，而转为与用户建立新型的合作伙伴关系。

合作伙伴关系是以长期关系为导向的，注重双方的良性互动和新价值的创造。这样做的好处在于不仅使企业外部交易成本内部化，从而降低成本，还可以降低市场的不确定性风险，提高同行跨入的竞争壁垒，更重要的是使第三方汽车物流企业有了长期稳定的订单。随着合作的进一步深入，双方在组织结构，基础设施方面相互融合，形成新的竞争能力。

第二，提供专业化、个案化的物流服务。汽车生产企业之间产品、价格市场竞争也日趋激烈。同时，对物流服务的需求日趋成熟，物流服务需求的复杂化、个性化进一步加强。针对这种情况，第三方汽车物流企业也要开发多品种的服务内容，围绕汽车生产提供适合其发展的专业化服务，以满足汽

车生产企业对物流服务的需求。

第三，让汽车生产企业参与第三方汽车物流的过程管理。当汽车生产企业将物流服务外包时，企业不能直接控制物流职能，由于在最终货物形态的交接上，是由第三方汽车物流企业出面直接与客户交往，物流服务的质量将直接影响汽车生产企业对客户的服务水平及承诺。为此，汽车生产企业对物流过程管理关注程度日益加强。第三方汽车物流企业应加强管理，实行程控管理，力求保证物流过程的准时率。同时，为使汽车生产企业放心，应主动请他们参与企业的日常管理，特别是注重备有应对意外突发事件的应对措施及后备方案，及时通报客户有利于长期合作。

三、支撑汽车生产供应链需求的网络资源能力

网络化是现代物流的另一个趋势。随着企业物流所需要的网络越来越细致，如上门服务，或网络覆盖的范围越来越广，大型跨国公司的物流网络在世界范围内分布，但生产、制造或零售业发现自己越来越难以驾驭自己的物流网络。在这种情况下，拥有广泛网络的第三方汽车物流企业就会成为其合作伙伴理想的选择。

对于第三方汽车物流企业来说，服务网络是其从事物流活动的基础，如果不能形成大区域内的点、线结合，形成网络化的配送经营体系，就根本不能满足汽车生产企业的要求。因此，物流服务网络是第三方汽车物流企业的最大资本。

第八节 本章小结

本章以企业核心竞争力理论为基础，运用所提出的第三方汽车物流企业核心竞争力形成识别思路图，对中国汽车产业供应链物流体系运作方式、汽

车产业对第三方汽车物流企业服务的需求、汽车物流企业间的竞争程度、第三方汽车物流企业自身竞争性定位，以及第三方汽车物流企业所提供的创新性服务能力等因素进行识别，揭示第三方汽车物流企业的核心竞争力形成的过程。

本章运用了波特五种竞争力模型原理，对第三方汽车物流企业竞争性定位进行分析，对核心竞争力要素和表现形态等进行研究，提出在汽车生产企业供应链管理变革时期，只有为客户带来价值利益的创新性服务，才能适应当前汽车物流行业的发展。

本章归纳出第三方汽车物流企业核心竞争力在价值性、独特性、延展性、整合性等四个方面的关键特性。

本书认为，第三方汽车物流企业创新性服务能力对构成核心竞争力具有至关重要的影响因素。第三方汽车物流企业的营销配送能力、超越汽车产业发展的策略营运能力、支撑汽车生产企业供应链需求的服务能力等三个方面的能力，是构成核心竞争力的核心要素

第四章　第三方汽车物流企业竞争力评价

企业核心竞争力的提高需要一个过程和可用于指引这一过程的、行之有效的战略，而这一战略的制定，应建立在对企业现有竞争力及其薄弱环节的正确判断的基础上。为此，有必要建立一套科学、合理的竞争力评估方法。企业竞争力评价是指借助根据企业竞争力影响因素而建立的指标体系，对企业竞争力水平进行评估的过程。通过找出企业长时期形成的，蕴涵于企业内质中的，支撑企业过去、现在和未来竞争优势，使企业长时间内在竞争环境中能取得主动的各种因子分析，才能有效地识别其核心竞争力。

第一节　第三方汽车物流服务能力综合评价模型

第三方汽车物流企业服务能力评价是提炼企业竞争力核心要素和构建培育核心竞争力的基础，只有对企业自身的服务能力有充分的认识，才能把握企业未来竞争的需要，未来的企业竞争需要，并及早投入核心竞争力的培育与提升。

运用模糊评价的理论依据是对第三方汽车物流企业服务能力的评价具有模糊性。可以把服务能力强度分为很强、较强、一般和差四个等级，但很难界定每个等级的标准。这种等级的分类也只是人们主观意识的结果，分类本身就有“模糊性”。在服务能力评价中，一些因素因具有模糊性而不能简单地用一个分数来评价。考虑到这些因素，我们采用模糊数学的综合评价方法来对服务能力做一定量的评价。

模糊评价法有单因素的模糊评价和多层次的模糊评价两种方法。由于第三方汽车物流服务能力受多因素的影响，宜采用多层次的模糊评价法来评价。一般评价步骤为：第一步确定因素集；第二步确定各影响因素的权重集；第三步建立评价等级集；第四步确定隶属关系，建立模糊评价矩阵；第五步进行模糊综合评价，得到模糊综合评价结果。利用多层次模糊评价法进行企业专业服务能力评价，首先评价二级指标，其评价结果相对于一级指标构成一个模糊评价矩阵，与一级指标权重集相乘得到企业服务能力模糊评价的最终结果。

一、调查研究设计

第三方汽车物流企业服务能力由哪些内容和因素组成，服务能力的评价和测评标准有哪些？有必要通过对第三方汽车物流企业的竞争能力作实际调查和研究。

设计第三方汽车物流企业服务能力综合评价模型，应首先确定研究程序，然后确定研究构思与评价内容，研究有关变量与衡量指标及相应的研究方法。

（一）研究程序

首先，为充分了解客户对第三方汽车物流所提供的服务需求，先设计出客户服务需求调查问卷让客户填写（见本书附录一），了解客户对第三方汽车物流企业相关服务需求因素。

其次，根据预调查客户所提出的服务内容和增值服务需求为基础，确定了对第三方汽车物流企业竞争能力的评估调查问卷的内容和题目（见本书附录二）。

再次，在通过书面形式收集所需的研究数据和数据，真实地了解客户对物流企业的服务能力的期望后，形成第三方汽车物流企业物流竞争能力评价模型。

最后，在文献研究、访谈研究、问卷调查的基础上，通过该模型对构成服务能力的各相关因素重要程度进行定量分析，进行评价第三方汽车物流企业服务能力的水平。

二、研究有关因素与衡量指标

本章采用一般社会科学研究中常用的调查法，通过问题的提出和相关因素设置，通过发放调查问卷采集数据并对数据进行归纳分析。在对第三方汽车物流企业服务能力有关因素、衡量指标等方面的研究，主要参考了郭斌（2011）、魏江（2011）、陈志（2014）等人的研究方法，并依据本章研究目的及对相关文献研究的基础上，提出具体相关因素与衡量指标。

（一）物流信息技术运用能力

技术能力包括信息技术、运输技术、配送技术、装卸搬运技术、自动化仓储技术、库存控制技术、包装技术等，其核心是信息技术，先进信息技术的使用能反映竞争能力。

具体评价指标有四个：

第一，企业内部实现了信息系统的整合；

第二，内部与异地子公司之间网络构筑，实现数据整合；

第三，与所服务的汽车生产企业信息共享；

第四，与供应链物流环节客户之间的数据共享。

（二）第三方汽车物流企业的服务观念

现代的物流服务观念强调以市场需求为出发点，整合自身资源及汽车供应链环节资源；制定符合汽车生产企业产品营销的物流战略，提供专业化、个案化服务满足客户需求；适应并超越汽车生产商发展的营销观念。

具体评价指标有四个：

第一，与汽车生产供应链环节客户建立战略伙伴关系；

第二，为供应链客户提供专业化及个性化服务；

第三，增加客户价值利益的创新性服务；

第四，让汽车生产企业及供应链客户参与企业管理的全过程管理。

（三）组织和人力资源管理

清晰的组织结构是大型第三方汽车物流企业持续发展的组织保障，拥有综合知识的高素质的人才，不仅可以保证企业的长远发展需要，而且可以在汽车生产行业内树立良好形象、增强竞争优势。

具体评价指标有四个：

第一，符合汽车生产发展的组织结构，清晰简明，反映快速，协同作战；

第二，拥有一个指挥中心，其他都是操作点的运作模式；

第三，熟悉汽车物流专业人才及管理团队；

第四，对新技术与专业知识培训的及时性。

（四）支撑汽车生产企业需求的物流网络

满足客户供应链需求，能跟随汽车生产企业供应与销售所需要的物流网络不断扩展，网络覆盖的范围较广，拥有广泛物流网络的第三方汽车物流企业竞争和服务能力强。

具体评价指标有四个：

第一，自建跨区域物流网络的范围；

第二，整合社会物流资源能力，物流覆盖网络；

第三，服务质量和保障服务能力（商品车运输质损维修能力）；

第四，形成网络化的配送经营体系。

（五）物流服务提供商的组织文化

组织文化是形成第三方汽车物流企业核心竞争力的催化剂。拥有竞争力的组织文化应具有共同愿景，具有默契、创新和进取等特点。

具体评价指标有四个：

第一，高层管理者与员工拥有共同愿景；

第二，员工之间的合作程度；

第三，员工集体荣誉感；

第四，员工具有创新意识。

在以上各评估因素中确定对第三方汽车物流企业服务能力的评价指标体系。设决策指标集为 $A=\{B_1, B_2, B_3, B_4, B_5\}$，评语集为 B_i，$i=1, 2, 3, 4, 5$。

二、设定评判集

对评判集 B_i 中的指标进行单因子分析，建立单因素评判矩阵，即

$$\boldsymbol{R}_i=\begin{pmatrix} r_{i11}, & r_{i12} & \cdots & r_{i1j} \\ r_{i21}, & r_{i22} & \cdots & r_{i2j} \\ \vdots & \vdots & \vdots & \vdots \\ r_{in1}, & r_{in2} & \cdots & r_{inj} \end{pmatrix}$$

其中，i 为各评判集数目，即 B_1、B_2、B_3、B_4、B_5；n 为评判集中评价指标的数目；j 为决策集中评判集的数目。

设评判集权重为 W_i，求得评判向量为 $\boldsymbol{B}_i=W_i\cdot\boldsymbol{R}_i$；依上述思想对决策集进行综合评判，得到决策矩阵为

$$\boldsymbol{R} = \begin{pmatrix} B_1 \\ B_2 \\ B_3 \\ B_4 \\ B_5 \end{pmatrix}$$

设综合权重为 W，则综合评价为 $A=W \cdot R$ 再用最大隶属度原则选择最大的 B_i，对应 A 的评判集作为评价结果。

第二节　第三方汽车物流企业服务能力模糊评价实例

建立对第三方汽车物流企业竞争能力评价，有必要选择一些具有代表性的企业样板进行抽样调查，通过系统的、规范的评价分析，检验所提出的服务能力为代表的竞争力模糊评价模型的可行性。同时，通过对服务能力方面的评估结果，研究其对构建核心竞争力的影响关系。

选择具有代表性的第三方汽车物流企业条件如下。

第一，近年来伴随汽车生产企业供应链管理变革所产生的、专业为汽车生产企业供应链提供管理及物流运作服务的企业。

第二，属于社会第三方物流企业性质，与汽车生产企业在资产、人事关系、企业体制等没有关联关系的企业。

第三，企业经营方向符合汽车生产发展趋势，能依托某些方面的竞争能力拓展出多种不同业务的汽车物流市场的能力。

第四，对所服务的汽车生产企业的福利做出巨大贡献，以实现提升客户价值利益和自身利益为最终目的，经营业务迅速成长并已形成了竞争优势的企业。

第五，自身所具备的竞争能力是第三方汽车物流行业内企业企业难以模仿的，具有相对持续竞争优势的企业。

本书选择了在第三方汽车物流企业中，在上述五个方面都具有一定代表性的中联物流（中国）有限公司（以下简称“中联物流公司”）作为设计竞争能力评估模型的依据。

一、中联物流公司代表性分析

中联物流公司成立于2002年9月，是一家专业从事汽车物流业务的民营股份制企业。公司成立初期注册资金仅200万元，管理人员9人，开始服务的客户是江铃汽车集团，是为江铃汽车集团代理发送商品车的企业之一，初始阶段只是中介代理服务性质的小企业。

中联物流公司在向专业化、规模化汽车物流服务发展的道路上主要经历了以下七个阶段。

第一阶段：进入的时机有利。中联物流进入汽车物流行业的时机，正是中国汽车工业从低谷向高速发展的过渡期，随汽车产量和占用资金的增长，将物流外包第三方运作是汽车生产企业供应链管理改革探索的重点，中联物流抓住了难得的机遇。

第二阶段：在自有资金严重不足的情况下，运用现代物流理念，从整合社会富余运输工具资源起步，走出了一条企业自身投入少、效率高、原始积累快的路，为汽车生产企业解决了商品车运送能力不足的瓶颈，同时也使汽车生产企业减少大量的人力物力投入。

第三阶段：从提升专业化汽车物流服务能力入手，将引入信息化管理手段作为切入点，以信息技术应用、整合社会资源、拓展物流金融服务、汽车物流加工等创新服务模式，使客户体验到专业化服务、增值服务所带来的价值利益。

第四阶段：利用信息技术对汽车生产企业原有业务流程进行改造，信息系统除用于内部管理外，还将信息提供给汽车生产企业的财务、销售、物流管理等部门共享，以此带动的各项增值服务建立起与汽车生产企业新型的血缘关系，提高了竞争对手进入的门槛。

第五阶段：中联物流公司专业化汽车物流服务能力得到了客户的认可，江铃汽车集团逐步将零部件仓库、运输、配送生产线、汽车生产供应计划等业务交给中联物流公司总承包。

第六阶段：中联物流公司利用在汽车生产企业供应链管理变革中的成功经验，快速复制并扩大经营地域，先后整合了湖南长丰汽车物流公司，承包了昌河汽车九江轿车基地物流项目。中联物流公司已成为中国为数不多的，同时为三家汽车生产企业提供一体化、专业化物流服务的知名企业。

第七阶段：中联物流公司不断创新，使行业内竞争对手难以模仿，如引入懂 IT 技术的专家进入公司高层管理团队，凭借信息技术方面的专长先后获得汽车生产企业运输、仓储、配送、加工等多项业务；整合社会富余物流资源，为汽车生产企业和自身节省大量投入资金；为多家汽车生产企业提供服务，进一步提高了整合供应链环节资源的能力，降低了经营成本等，每一步骤的不断创新使竞争对手难以模仿，提高了防范竞争对手进入的门槛。

目前中联物流公司已形成了以汽车物流规划、商品车物流、零部件运输、零部件仓储、零部件配送生产线等五大服务系列。服务的客户从江铃汽车集团拓展到湖南长丰汽车集团、昌河汽车九昌轿车厂和昌河汽车制造厂等，迈入了中国第三方汽车物流主要企业行列。

从 2005 年起中联物流公司先后获得中国物流行业协会“安全、快捷、诚信 AAA”企业称号、“中国汽车物流企业十大影响力品牌”“优秀汽车物流企业”“物流之星——十佳信息技术企业”“中国物流最具成长力企业 100 强”“中国最佳仓储物流企业”“中国物流最佳诚信品牌”等荣誉。

选择中联物流公司作为专业化汽车物流服务能力评价，是基于其现代物流理念的实践、在专业化汽车物流服务方面所做出的成效具有一定的代表性。

二、对中联物流公司服务能力模糊数学综合评价

（一）评语集的确定

A 的评语集为（优，良，中，差）；

B_1 的评语集为（优，良，中，差）；B_2 的评语集为（强，中，一般，弱）；B_3 的评语集为（很好，好，一般，差）；B_4 的评语集为（高，中，一般，低）；B_5 的评语集为（强，中，一般，弱）。

（二）单因子分析

（1）相关因素权重的获取。采用专业人员经验评分，然后取其平均数的方法，主要专业人员都来自汽车物流业务的相关人士，统计结果见表 4.1 和表 4.2。

表 4.1 专业人员情况一览表

代码	姓名	所属单位	职务	代表性质
一	黄可军	江铃汽车集团物流部	部长助理	客户
二	李仁昌	陆风汽车公司	仓库主任	客户
三	苏应亮	广州五十铃汽车公司	业务部副经理	客户
四	江 南	中联物流公司	总经理	物流服务商
五	万丽华	中联物流公司	办公室主任	物流服务商
六	刘小宁	长丰汽车公司	物流总经理	物流服务商
七	何耀辉	广州本田汽车物流部	四轮部经理	同业合作伙伴

表 4.2　权重评估测算表

代码	B_1 现代信息技术应用能力				B_2 超越汽车生产商营销观念				B_3 企业组织、人才机制健全				B_4 支撑生产发展服务能力				B_5 物流服务商组织文化			
	B_{11}	B_{12}	B_{13}	B_{14}	B_{21}	B_{22}	B_{23}	B_{24}	B_{31}	B_{32}	B_{33}	B_{34}	B_{41}	B_{42}	B_{43}	B_{44}	B_{51}	B_{52}	B_{53}	B_{54}
一	0.2	0.2	0.4	0.1	0.3	0.2	0.3	0.2	0.2	0.3	0.3	0.2	0.15	0.4	0.3	0.15	0.2	0.2	0.2	0.4
二	0.2	0.3	0.3	0.2	0.3	0.2	0.3	0.2	0.3	0.2	0.3	0.1	0.15	0.3	0.3	0.2	0.2	0.2	0.2	0.3
三	0.2	0.2	0.4	0.2	0.2	0.2	0.2	0.3	0.3	0.15	0.3	0.1	0.1	0.4	0.3	0.3	0.2	0.2	0.2	0.4
四	0.2	0.2	0.4	0.2	0.3	0.2	0.2	0.2	0.3	0.2	0.3	0.25	0.2	0.4	0.3	0.2	0.2	0.2	0.2	0.4
五	0.2	0.2	0.5	0.2	0.3	0.2	0.4	0.1	0.3	0.4	0.3	0.2	0.25	0.4	0.3	0.35	0.2	0.2	0.2	0.5
六	0.2	0.2	0.4	0.3	0.4	0.2	0.4	0.2	0.4	0.2	0.3	0.1	0.1	0.4	0.3	0.25	0.2	0.2	0.2	0.4
七	0.2	0.1	0.4	0.2	0.3	0.2	0.3	0.2	0.3	0.3	0.3	0.1	0.1	0.5	0.3	0.3	0.2	0.2	0.2	0.4
平均	0.2	0.2	0.4	0.2	0.3	0.2	0.3	0.2	0.3	0.25	0.3	0.15	0.15	0.4	0.3	0.25	0.2	0.2	0.2	0.4

（2）相关因素中的依赖程度数据采集。采用向该企业及业务对口部门的专业人员进行调查问卷方式获取。

在发放评价问卷调查表过程中，充分考虑调查样本的代表性，分别有针对性地向熟悉和了解第三方汽车物流运作模式和直接与中联物流有业务关联的人员发放。其中向江铃汽车集团生产组织部门、物流管理部门，为江铃汽车集团提供零部件的生产厂家、合作伙伴等单位共发出调查问卷 37 份、实际回收有效问卷 28 份。所统计的每一评语集中，各因素的依赖程度如见表 4.3~表 4.7。

表 4.3　因素 B_1 的依赖程度数据采集表

因素	各因素内容略述	权重	优	良	中	差
B_1 现代信息技术应用的能力	B_{11} 驻点企业内部信息系统整合	0.20	0.10	0.60	0.18	0.10
	B_{12} 总部与异地公司信息共享	0.20	0.10	0.50	0.28	0.10
	B_{13} 与所服务汽车生产商信息共享	0.40	0.20	0.70	0.10	0.00
	B_{14} 与供应链客户联网与资料共享	0.20	0.00	0.28	0.40	0.18

表 4.4　因素 B_2 的依赖程度数据采集表

因素	各因素内容略述	权重	强	中	一般	弱
B_2 超越汽车生产商发展的营销观念	B_{21}与汽车生产商建立战略合作关系	0.30	0.18	0.60	0.15	0.00
	B_{22}提供多品种及个性化服务	0.20	0.10	0.35	0.18	0.00
	B_{23}可增加客户利益价值的创新服务	0.30	0.35	0.50	0.18	0.00
	B_{24}让客户参与企业内部过程管理	0.20	0.10	0.35	0.35	0.18

表 4.5　因素 B_3 的依赖程度数据采集表

因素	各因素内容略述	权重	很好	好	一般	差
B_3 企业组机构、员工质素	B_{31}组织结构清晰反映快速	0.30	0.10	0.35	0.35	0.18
	B_{32}一个中心多点的运作模式	0.25	0.10	0.18	0.35	0.35
	B_{33}物流人才、管理团队	0.30	0.10	0.50	0.28	0.10
	B_{34}新技术与知识培训的及时性	0.15	0.35	0.35	0.18	0.10

表 4.6　因素 B_4 的依赖程度数据采集表

因素	各因素内容略述	权重	高	中	一般	低
B_4 支撑汽车生产商需求的服务网络	B_{41}自建跨区域物流网络的范围	0.15	0.18	0.18	0.35	0.28
	B_{42}整合社会物流资源能力	0.40	0.18	0.70	0.10	0.00
	B_{43}服务质量和保障服务能力	0.30	0.28	0.40	0.18	0.10
	B_{44}形成网络化的配送经营体系	0.25	0.20	0.35	0.15	0.28

表 4.7　因素 B_5 的依赖程度数据采集表

因素	各因素内容略述	权重	强	中	一般	弱
B_5 物流服务提供商的组织文化	B_{51}高层管理者与员工共同愿景	0.20	0.10	0.28	0.50	0.10
	B_{52}员工之间的合作程度	0.20	0.18	0.50	0.18	0.10
	B_{53}员工集体荣誉感	0.20	0.50	0.35	0.28	0.00
	B_{54}员工具有创新意识	0.40	0.18	0.60	0.18	0.00

由上述依赖程度的结果得到每一评语集模糊评价矩阵

$\boldsymbol{R}_i$ (i = 1， 2， 3， 4， 5)，分别是

$$\boldsymbol{R}_1=\begin{pmatrix}0.10 & 0.60 & 0.18 & 0.10\\ 0.10 & 0.50 & 0.28 & 0.10\\ 0.20 & 0.70 & 0.10 & 0.00\\ 0.00 & 0.28 & 0.40 & 0.18\end{pmatrix}$$

$$\boldsymbol{R}_2=\begin{pmatrix}0.18 & 0.60 & 0.15 & 0.00\\ 0.10 & 0.35 & 0.18 & 0.00\\ 0.35 & 0.50 & 0.18 & 0.00\\ 0.10 & 0.35 & 0.35 & 0.18\end{pmatrix}$$

$$\boldsymbol{R}_3=\begin{pmatrix}0.10 & 0.35 & 0.35 & 0.18\\ 0.10 & 0.18 & 0.35 & 0.35\\ 0.10 & 0.50 & 0.28 & 0.10\\ 0.35 & 0.35 & 0.18 & 0.10\end{pmatrix}$$

$$\boldsymbol{R}_4=\begin{pmatrix}0.18 & 0.18 & 0.35 & 0.28\\ 0.18 & 0.70 & 0.10 & 0.00\\ 0.28 & 0.40 & 0.18 & 0.10\\ 0.20 & 0.35 & 0.15 & 0.28\end{pmatrix}$$

$$\boldsymbol{R}_5=\begin{pmatrix}0.10 & 0.28 & 0.50 & 0.10\\ 0.18 & 0.50 & 0.18 & 0.10\\ 0.50 & 0.35 & 0.28 & 0.00\\ 0.18 & 0.60 & 0.18 & 0.00\end{pmatrix}$$

将由上述专家采用经验打分的方式所获得的每一评语集中各因素的权重应用，权重分别为 $\boldsymbol{W}_1$ = （0.20，0.20，0.40，0.20）；$\boldsymbol{W}_2$ = （0.30，0.20，0.30，0.20）；$\boldsymbol{W}_3$ = （0.30，0.25，0.30，0.15）；$\boldsymbol{W}_4$ = （0.15，0.40，

0.30，0.25）；W_5=（0.20，0.20，0.20，0.40）。

设评价向量为 B_i（i=1，2，3，4，5）

$$B_1=W_1\times R_1\ (0.20,\ 0.20,\ 0.40,\ 0.20)\begin{pmatrix}0.10 & 0.60 & 0.18 & 0.10\\ 0.10 & 0.50 & 0.28 & 0.10\\ 0.20 & 0.70 & 0.10 & 0.00\\ 0.00 & 0.28 & 0.40 & 0.18\end{pmatrix}$$

$$=(0.12,\ 0.55,\ 0.70,\ 0.04)$$

$$B_2=W_2\times R_2\ (0.30,\ 0.20,\ 0.30,\ 0.20)\begin{pmatrix}0.18 & 0.60 & 0.15 & 0.00\\ 0.10 & 0.35 & 0.18 & 0.00\\ 0.35 & 0.5 & 0.18 & 0.00\\ 0.10 & 0.35 & 0.35 & 0.18\end{pmatrix}$$

$$=(0.19,\ 0.47,\ 0.19,\ 0.04)$$

$$B_3=W_3\times R_3\ (0.30,\ 0.25,\ 0.30,\ 0.15)\begin{pmatrix}0.10 & 0.35 & 0.35 & 0.18\\ 0.10 & 0.18 & 0.35 & 0.35\\ 0.10 & 0.50 & 0.28 & 0.10\\ 0.35 & 0.35 & 0.18 & 0.10\end{pmatrix}$$

$$=(0.14,\ 0.34,\ 0.29,\ 0.19)$$

$$B_4=W_4\times R_4\ (0.15,\ 0.40,\ 0.30,\ 0.25)\begin{pmatrix}0.18 & 0.18 & 0.35 & 0.28\\ 0.18 & 0.70 & 0.10 & 0.00\\ 0.28 & 0.40 & 0.18 & 0.10\\ 0.20 & 0.35 & 0.15 & 0.28\end{pmatrix}$$

$$=(0.23,\ 0.50,\ 0.28,\ 0.14)$$

$$B_5 = W_5 \times R_5 \ (0.20,\ 0.20,\ 0.20,\ 0.40) \begin{pmatrix} 0.10 & 0.28 & 0.50 & 0.10 \\ 0.18 & 0.50 & 0.18 & 0.10 \\ 0.50 & 0.35 & 0.28 & 0.00 \\ 0.18 & 0.60 & 0.18 & 0.00 \end{pmatrix}$$

$$= (0.23,\ 0.47,\ 0.26,\ 0.04)$$

对上述评价向量再一次采用专家打分法进行综合评价，综合评价矩阵如下：

$$R = \begin{pmatrix} 0.12 & 0.50 & 0.70 & 0.10 \\ 0.20 & 0.50 & 0.20 & 0.10 \\ 0.20 & 0.30 & 0.30 & 0.20 \\ 0.20 & 0.50 & 0.30 & 0.20 \\ 0.30 & 0.40 & 0.30 & 0.10 \end{pmatrix}$$

设综合权重为 W，通过上述专家经验评分的方式对于评语集 B_i 的综合权重为

$$W = (0.10,\ 0.35,\ 0.20,\ 0.20,\ 0.15)$$

则中联物流公司在物流竞争能力的效果评价 A 为

$$A = W \times R = (0.10,\ 0.35,\ 0.20,\ 0.20,\ 0.15) \begin{pmatrix} 0.10 & 0.50 & 0.70 & 0.10 \\ 0.20 & 0.50 & 0.20 & 0.10 \\ 0.20 & 0.30 & 0.30 & 0.20 \\ 0.20 & 0.50 & 0.30 & 0.20 \\ 0.30 & 0.40 & 0.30 & 0.10 \end{pmatrix}$$

$$= (0.205,\ 0.445,\ 0.305,\ 0.14)$$

评价结论：根据最大隶属原则 $A = \max(A) = 0.445$

通过对中联物流公司模糊综合评价，得出中联物流公司服务能力处于良好状况。

三、对第三方汽车物流企业服务能力模糊综合评价案例分析

第一，对第三方汽车物流企业服务能力的综合评价，是以第三方汽车物流企业所提供的基本服务内容为基础，将基本服务内容的各因素系统化组合，要求企业管理人员运用专业知识和技能对存在的现象做出诊断。服务能力综合评价直接关系到构建核心竞争力的具体措施，对综合评价依据的定性和定量指标做出描述性评论，用数字反映出来，评价效果较为简单和直观。

第二，第三方汽车物流企业要确立自己的核心竞争力，所采取的措施与手段必须与本身的专业化服务能力密切相关，专业化服务能力是构建第三方汽车物流企业核心竞争力基础和源动力。通过不断加强和改进、提升专业化服务竞争能力，第三方汽车物流企业可以借此不断获取、积蓄、运用和更新当前和未来竞争所需要的各种竞争资源，特别是关系到第三方汽车物流企业核心竞争力培育与提升，主要还是从基础现代信息技术应用能力、现代物流服务观念、组织机构及不断的培训、物流服务网络的构建、组织文化等几个方面的专业化服务能力开始。

第三，由于第三方汽车物流企业服务能力的综合评价还受多种因素（如人际关系、资金、市场、运输工具、场地设施等）的影响，此单一的数字评价难以涵盖，但可以采取用更多的因素集来评价以弥补不足。

最后，服务能力效果的评估过去一直处于一种定性的阶段，第三方汽车物流企业服务能力也是不断地动态地发展。模糊数学的诞生在我们所具有模糊思维与精确的经典数学之间搭起了一座桥梁。用模糊数学的方法对第三方汽车物流专业化服务能力状况进行评估，提出了定性分析和定量分析评价服务能力状况的一种方法，从而使评价过程数学化，避免了一些非科学性质的干扰，能够获得一个定量的指标，使第三方汽车物流企业专业化服务能力效

果的检验从定性分析走向定量分析。

第三节　专业化服务能力与培育核心竞争力的关系

首先，第三方汽车物流企业专业化服务能力，是汽车产业供应链管理大变革时期最为突出的竞争力。第三方汽车物流企业专业化服务能力，强调的是以动态的发展观适应或超越汽车生产企业发展的营销观念和服务需求。在汽车产业大发展并处于对供应链管理的大变革时期，传统单一的仓储、运输物流模式已不适应汽车产业的发展，而以“物流服务延伸、专注行业服务、项目服务、定制式服务、物流管理输出服务、与金融结合服务”等专业化服务能力所构成现代物流服务模式，不仅是第三方汽车物流企业最为突出的竞争力，还是动态的以适应或超越汽车生产企业发展的营销观念和服务需求具体表现形式，更是迅速切入汽车生产供应链领域，形成自身核心竞争力的基础。

其次，由第三方汽车物流企业专业化服务能力所构成的竞争力和核心竞争力是两个既有联系，又有区别的概念。

专业化服务能力是决定和影响竞争力的大多数因素，在各企业之间具有可比较性和很大程度的可计量性，企业竞争力研究方向之一就是力图将企业竞争力因素尽可能地进行量化，从而进行企业间的比较。而且竞争力因素具有一定程度的可学习、模仿、交易性，即企业竞争力的许多因素是可以通过市场过程获得的，或者可以通过模仿其他企业而形成。

而核心竞争力则通常是指企业所具有的不可交易和不可模仿的独特的优势因素。核心竞争力往往是难以直接比较和难以进行直接计量的。每个企业都或多或少具有一定的竞争力，但未必具有自己的核心竞争力。

再次，第三方汽车物流企业核心竞争力最终通过其专业化服务能力所体现。

核心竞争力可以成为第三方汽车物流企业竞争力中最具有长远的和决定性影响的内在因素，通常存在于竞争力的“知识”层面的最里层。核心竞争力和专业化服务能力在企业发展中可能会有共同的表现，即能够持续地比其他竞争对手更好、更有效率地向市场提供产品或服务，并获得经济收益。但专业化服务能力所构成的竞争力因素更加直接和突出，第三方汽车物流企业能否在汽车产业中生存与发展取决于自身竞争力的强弱，而企业竞争力中最具决定性的因素是企业的核心竞争力。

最后，以专业化服务能力评价指标所反映出来的竞争力，是第三方汽车物流企业构建核心竞争力的快捷方式和基础平台。

第三方汽车物流企业的竞争能力，是创建核心竞争力的基础平台，对其专业化服务能力的评价，与培育与提升企业核心竞争力有着直接的关系，通过第三方汽车物流企业专注于专业化服务能力的提升，能有力地说明在企业规模、资金实力、人力、运输设备都比不上传统的大型物流企业，却能在汽车生产供应链环节占有一席之地并迅速发展的事实，如图 4.1 所示。

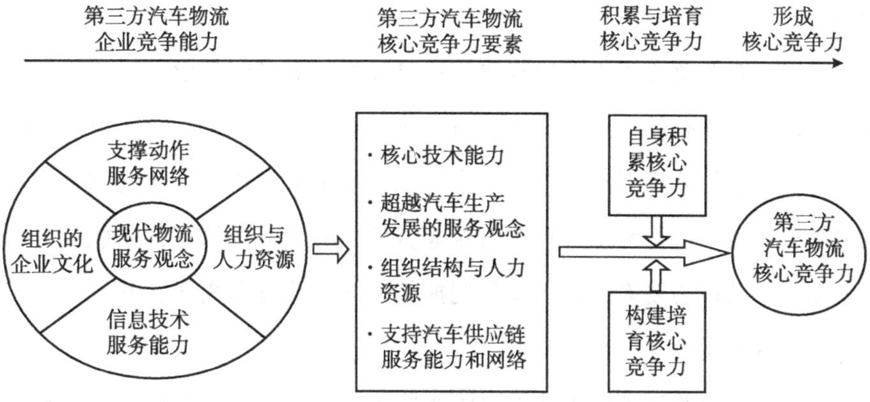

图 4.1　服务能力与第三方汽车物流企业核心竞争力关系

其一，服务能力与形成核心竞争力的各种要素集合成一个新的有机整体，包括第三方汽车物流所在汽车产业的状况，本企业与所服务的相关企业的关系，所拥有的各种人力资源、物流资源、土地资源、技术资源、资金资源、组织资源、社会关系资源、区位优势，所在地的基础设施能够保证企业生存和发展以及实施战略的能力，企业对环境的适应性，对资源开发控制的能动性，以及创新性等综合体现，是第三方汽车物流企业所形成竞争力的基础。

其二，对综合评估模型中的现代物流服务观念，是第三方汽车物流企业竞争能力中最重要的一个因素之一。它所包含的四个子因素，对物流企业长远发展构建与培育核心竞争力有重要意义，主要表现在以下两方面：一方面，它超越了第三方汽车物流企业具体的产品和服务，企业发展的战略、体制机制的构建、汽车物流人才的培养、创新目标战略、供应链各环节的整合、供应链服务的提升等。它们都是现代物流服务观念下的产物，能更准确反映企业长远发展的客观需要，使企业避免目光短浅所导致的战略失误。另一方面，第三方汽车物流企业在现代物流理念下的创新活动，其意义远远超过传统、单一的汽车物流服务服务模式。灵活解读现代物流服务理念，避免在竞争中盲目跟风或模仿，可使创新活动更加因地制宜、变化无穷，让竞争者难以模仿。

其三，企业核心竞争力的构建与培育过程，更多的是依靠经验和知识的积累，以及对现有的人力、物力、对事物的认识等为基础。第三方汽车物流企业竞争力，是从现有汽车产业需求与服务能力来评价，在此基础上可以对其未来整体战略进行考量。只有对企业竞争力有充分的认识，才能找到构建核心竞争力的核心要素，从而及早把握未来的企业竞争需要，并及早投入核心竞争力的建设。

以上观点也验证了由于缺乏对汽车物流的了解和未能提供满足汽车生产企业需求的专业化服务，使许多大型的物流企业尚未能进入汽车物流市场。中联物流公司在资金、物流资源、运输工具等都不如竞争对手的情况下，依靠专业化的服务快速切入汽车产业物流领域，并迅速形成核心竞争力，取得竞争上的优势。反之，一些早年进入汽车生产企业的物流公司，由于还是依靠传统、单一的物流运作模式，在拥有物流资源和运输工具的情况下被淘汰出局。

从这一角度分析，第三方汽车物流企业服务能力所突显的竞争力是第三方汽车物流企业培育核心竞争力的出发点，与培育与提升企业核心竞争力有着直接的关系。

第四节　本章小结

本章主要从第三方汽车物流企业生存和发展的外部条件、管理模式、经营运作及增值服务模式等方面入手，对应汽车产业供应链变革的特定时期，设计出以第三方汽车物流企业服务能力为重点的竞争力综合评价指标体系，包括信息服务能力、现代物流服务观念、企业组织机构、支撑客户需求的服务网络，以及组织文化等五大部分及20个相关子因素，运用模糊数学综合评价方法，通过发出调查表请专业人士调查、评估的方法，对第三方汽车物流企业服务能力具体指标的强弱情况进行评价。

运用模糊数学综合评价的方法对第三方汽车物流企业进行定量分析，详细说明了运用该方法对竞争力评价的过程，并以中联物流公司为例，对其服务能力状况进行了评价分析。同时，运用理论和图表说明第三方汽车物流企业服务能力与培育和提升核心竞争力之间的关系。

第五章　第三方汽车物流企业核心竞争力的因子分析

企业核心竞争力会受到一些因素的影响，如企业内部的组织结构、管理模式、组织文化等都会影响企业核心竞争力的培育。本章正是在已有研究成果的基础上，从战略层面上确定了企业核心能力培育的一般原则，概括了企业核心能力培育的系统，探讨了企业核心能力培育的战略选择，分析了现阶段第三方汽车物流企业组织文化、市场为导向、人才培养、管理创新、技术创新对于企业核心竞争力的影响。

第一节　第三方汽车物流核心竞争力影响因子分析

一、创新机制是培育第三方汽车物流企业核心竞争力的前提

汽车产业物流的特点是技术复杂和服务专业性强。第三方汽车物流企业，要适应汽车产业的发展，切实为汽车生产企业提供符合现实需求与潜在需求的服务，需要以准确的市场定位确定科学的营销策略。当前汽车生产推行以需定产和准时配送的管理方式，决定了第三方汽车物流企业必然是以小批量、

多批次、高附加值零部件运输、加工、仓储、配送为主体服务内容，以高时效、细微化的上门服务为特色。同时，以汽车零部件生产集中地为平台，建立零部件末段集运中心开展仓储配送等多种经营。第三方汽车物流企业还可对所处的区域汽车生产发展的经济环境，行业竞争环境，特别是企业自身在专业汽车物流市场定位，有一个准确的判断，并依此制定科学的物流服务营销策略。

以现代物流理念提升创新性服务能力是第三方汽车物流企业切入汽车产业物流市场的一大特点。第三方汽车物流企业要根据汽车生产供应链管理变革时期对物流服务的需求，在现有汽车物流服务模式下向两端延伸，发挥专业化服务、定制服务、供应链管理服务、物流金融服务等一系列创新服务手段，努力向现代第三方汽车物流企业转型。在管理及服务创新中，一是充分打造汽车零部件与商品车专业运输、专业仓储的能力，通过整合运输网络和各地仓储资源，与汽车零部件生产企业、商品车销售集散地、拥有运输工具、客户关系及物流资源的第三方汽车物流企业结成利益同盟，为汽车生产企业零部件入厂物流，提供准时供应和零库存配送服务，使汽车生产企业能够压缩存量资本和仓库投入，降低管理费用；二是充分利用自身所拥有的汽车物流资源、运输网络资源及专业化汽车物流管理运作的经验，运用现代信息技术手段，开展为汽车生产企业提供延伸的供应链管理服务。同时，第三方汽车物流企业的信息系统还应延伸到所服务的汽车生产企业，为其提供增值服务；三是对各汽车生产企业的商品车运输资源、商品车运输工具、商品车流通网络等资源进行统筹考虑，达到为汽车生产企业商品车运输提供一站式服务和降低运输成本的目的。

第三方汽车物流企业只有在管理创新、技术创新、服务创新的基础上，满足汽车生产企业对物流服务的潜在需求与现实需求，在管理模式、服务手段、服务价值上超越其他竞争对手，形成其自身构建核心竞争力的基础。

二、组织文化、市场为导向及专业人才培养是动力

组织文化是企业综合素质重要的体现形式，也是企业核心竞争力养成和发展的动力源泉。第三方汽车物流企业的组织文化起着导向作用、凝聚作用、激励作用、约束作用、辐射作用和品牌作用，应积极培育具有本企业特色的企业精神、经营思想和管理理念。此外，还要形成企业员工普遍认同的价值观、企业道德观及其行为规范，不断创造出具有时代特征和人文关怀的企业物质文化、行为文化、制度文化和精神文化。

此外，人力资源因素也是第三方汽车物流企业核心竞争力培育的主要动力之一。汽车物流企业的一切竞争归根结底是资源的竞争，而人力资源代表了企业所拥有的专门知识、技术和能力的总和，是企业核心竞争力最根本的元素。优秀的组织文化能够吸引、培养、激励和保护更多优秀的人才，能够使企业形成竞争对手难以模仿和复制的人力资源优势。

第二节　研究假设

一、组织文化与第三方汽车物流企业核心竞争力

什么是组织文化？在组织理论中，很少有概念像组织文化一样有众多不同和竞争性的定义。在以往的文献中，认为组织文化是企业管理其经营行为的一个复杂的价值、信仰、假设和象征体系。组织文化被定义为“价值观”或者“信仰”和“行为准则”（Pettigrew，1979）。有学者提出组织文化是组织成员共享的价值观，这些基本的价值观被视为一种内化的规范性信念，指导人们在组织中的行为（O'Reilly 等，1991）。

从一些学者的描述中可以认识到，组织文化是企业在长期的经营过程中

逐渐形成的，是全体员工一起遵守和奉行的价值观念和行为准则，体现企业对价值的认知。组织文化是企业价值观在其指导思想、管理风格和行为方式上的反映。

组织文化有助于企业构建团队合作，获得人力资源竞争力。组织文化由以企业精神文化为内核的企业的物质文化层、制度文化层和精神文化层三个层次构成，其核心是价值观，体现在企业的规章制度、经营理活动和员工的具体行为中。杰出的组织文化能依托其价值观吸引到企业所需的优秀员工，构建团队合作精神，形成人才聚合效应。而员工的不同个性、观念、态度与企业核心价值观的良性互动，又能不断锤炼和提升企业核心价值观，并最终形成企业人力资源能力相对于竞争对手的差异和优势。

优秀的员工是企业生存和发展的基础，其所拥有的知识、技能、专业素质、能动性和创新性是企业获得竞争优势的主要来源。企业要想获得人力资源竞争力，除了满足员工对薪金、福利等物质需求外，具有积极的、能为员工所共同认同的价值观是至关要的。随着信息时代的来临，员工尤其是优秀的人才更注重企业价值观与自身的价值观念是否一致，企业的文化能否提供给其以发展的空间，能否通过实现企业价值而得到自我价值的实现。而一旦自我价值观念与企业核心价值观、组织文化相吻合，则更容易释放自身的才能，从而帮助企业竞争优势和价值的实现。团队精神是促进企业凝聚力、竞争力不断增强的精神力量。要培养企业的团队精神、形成强有力的团队力量，首先，要明确能把企业员工和各部门凝聚在一起的奋斗方向。其次，建立系统科学的管理制度。它能使管理工作和企业员工的行为制度化、规范化和程序化，保证生产经营活动的协调、有序和高效进行。最后，建立良好的沟通和协调机制。而这些都在组织文化的制度文化层和精神文化层中得到了具体体现和实施。

组织文化有助于企业品牌和形象的塑造，而企业品牌与形象既是企业核心竞争力的源泉，又是企业核心竞争优势的体现。企业和企业产品在目标消费者中形成的良好品牌口碑和形象，不仅能帮助企业保留老顾客、增加顾客让渡价值、获得持续购买忠诚，而且还能帮助企业形成竞争壁垒，提高竞争对手获取企业顾客的成本。能获得顾客认同的企业品牌和形象，必定是吻合顾客价值认知和态度的。而组织文化就通过其物质层、制度层和精神文化层三个不同层次明确了其顾客的特征、价值构成，以及如何满足其价值，也即组织文化决定了企业服务于其顾客的思维、理念和态度，也决定了企业在市场竞争中的表现。20 世纪 70 年代以来，西方发达国家的消费者开始注重企业对环境的影响，强调对生态环境的保护、可持续发展。应对这种消费心理和态度的变化，许多企业开始在其企业价值观和企业使命中增加了对社会的责任和义务，并在其产品设计、制造和营销中加以贯彻，以一种对消费者和社会负责的态度进行市场的竞争，也相应地获得了消费者的认可和竞争优势。

当前的企业竞争已不再局限于特定产品或技术的竞争，而表现为企业所拥有的整体知识和能力的构成、发展与整合应用的能力的竞争。这种竞争能力的获得很大程度上取决于建立学习型的组织文化，把企业转化为能持续学习、有效积累知识和能力、避免知识流失的学习型组织。

从上述分析可知，对于第三方汽车物流企业来说，文化作为一种有价值、杰出和难以模仿的资源，是第三方汽车物流企业核心竞争力的主要构成部分。把文化作为一种资源进行开发和利用，已经成为第三方汽车物流企业增强活力，提高竞争优势的有效方法，也是第三方汽车物流企业参与市场竞争的高层次选择。

由此可见，组织文化对第三方汽车物流企业的核心竞争力有影响作用，故提出以下假设。

H1：组织文化对第三方汽车物流企业的核心竞争力有正向影响。

二、人力资源因素与第三方汽车物流企业核心竞争力

一般而言，企业的运作必须具备两个最基本的条件：一是资金；二是拥有掌握专业技能、从事管理和操作的人员。在这二者中，人的因素更为重要。一个企业的整体素质、结构如何，特别是人力资源的开发使用状况，对企业的经营水平与发展具有决定性的作用。研究发现：靠物质资本致富的百万富翁积累需要近百年，如美国钢铁大王卡内基；靠能源致富的千万富翁积累需要近50年时间，如石油大王洛克菲勒。然而，靠智力资本致富，成为百亿富翁其积累时间只不过十几年时间，如美国计算机奇才比尔·盖茨。盖茨成功的必备条件靠的是智力产品。人力资源的核心问题，是开发人的智力，提高劳动者素质。一句话，就是解决人才这个战略问题。人才是事业成败的关键。企业要想立于不败之地，在市场竞争中取得优势，就必须重视人才的开发、培养和使用。

在动态变化环境中，尤其要考虑企业战略资源的动态配置，其核心在于人力资源的配置。因为，正是人才所具有的适应能力，才是企业应对环境变化的根本所在。在不确定的环境中，战略资源配置的重点在于保持动态流量的平衡，既不能因为某些环节或某些时刻的资源太多而造成浪费，更不能因为某些环节在某些时刻的资源太少而导致企业系统运行的崩溃。

从做好人的工作考虑，资源配置的关键在于转变用人观念，充分发挥人的潜能，而其根本指导思想就在于“以平凡的员工创造非凡的业绩”。应该看到每个员工就个体而言，可能都是平凡的，企业长期发展不可能只依靠少数杰出人才，更何况在动态的环境中，杰出人才客观上更具有流动性。对于平凡的员工个体，必须通过提供企业环境与制度保障，使他们能够创造出非凡的业绩（迈克尔·格伯，1995）。而通过发挥存在于这些看似平凡员工之中的优势互补、精诚合作的协同作用，为企业所创造出来的竞争优势，更符

合持续竞争优势的条件，可以作为企业长期发展的基础。

当前第三方汽车物流企业要学习的任务和内容很多，最主要的核心内容就是对现代物流理念的理解，并应用于具体满足汽车生产企业现实需求与潜在需求。与传统规模物流企业相比，通过学习提升创新性专业化服务的能力，以形成具有突破性的局部竞争优势。

（一）现代物流理念用与汽车物流实践的学习

运用现代物流理念来看待目前的汽车物流，汽车生产厂商和物流企业可以将物流的运作理解为把整个汽车工业和为汽车工业服务的企业及社会可支持物流运作的设施、设备、人员看作为一个物流运行的大系统，运用现代通信技术手段将这运行系统中的汽车原材料、零部件供应商，公路、水运、铁路、空运等运输商，各地汽车经销商，不同隶属关系及分布在各地的汽车生产企业、各汽车生产企业掌控的中转仓库，各类物流企业等之间的资源进行整合利用，充分利用整个社会的资源，使汽车物流的运作是在整个原材料供应、商品车销售的大环节下，达到最佳的目的性和经济性，让汽车物流供应链上所有参与者都能受益，从而提升汽车物流运作的整体水平。

目前一些第三方汽车物流企业并不是没有物流技术、物流设施、物流资源，而是缺乏对现代物流理念的理解，使整个物流战略发展规划、物流人才的引进、物流网络的布局、物流企业之间的合作、战略伙伴的发展等，都只限于局部考虑，而没有从现代物流理念和汽车生产企业需求角度思考，提供专业化、个案化服务，导致企业的服务能力没有充分地体现，使企业做不大、做不强，难以形成竞争优势。

跟随汽车生产商一起成长的第三方汽车物流企业，只满足于获得了营业额增长和服务项目的增加，并没有把自己放在整个汽车物流供应链环节来考虑，对整个供应链上下游进行有效的整合，在提升服务能力的基础上，为汽车生产厂商、供应商主动降低成本，反而会被其他拥有核心竞争力的物流企业，作为整个汽车供应链物流环节的一个节点被整合，最终失去竞争能力。因此，第三方汽车物流企业要在加强对现代物流理念的理解的基础上，从灵活运用现代物流理论入手，以提升为汽车生产企业专业化服务能力，作为构建和培育自己核心竞争力的第一步。

（二）学习专业化服务技术提升局部优势

第三方汽车物流企业专业化物流服务能力，是满足客户现实需求与潜在需求的重要因素。与传统大型物流企业相比，短期内难以从整体上超越，但专业化服务能力针对汽车生产企业需求量身定做，是第三方汽车物流企业构建核心竞争力过程最基础、最突出的一个系统。这系统包括了核心资源、核心能力、核心要素和内外条件因素，核心竞争力的形成和发展贯穿于始终。

在诸多要素中包含现代物流服务理念、技术能力、组织机构与人力资源、支撑服务所需的网络、组织文化等基本因素。许多第三方汽车物流企业看到汽车工业的发展潜力，但往往不知道怎么进入，已经进入的在提升物流运作水平上拿不出增加客户价值利益的具体方案，失去了许多可以做大做强的机会。这是因为这些管理人员对现代物流发生的变革性认识并不透彻，现在必须要抓紧补回现代物流知识、现代通信和信息技术、企业的战略目标等一系列的相关知识，从全面理解现代物流服务能力入手，才能为下一步提升核心竞争力打下基础。

企业培训指企业组织创造一种学习环境，使员工在该环境中不断学习、发现问题、解决问题的过程中，自身能力得到提高，使自身价值观、工作态度和行为方式不断改善，在自己的工作岗位上为企业做出更大贡献。

企业培训在企业核心竞争力形成过程中，起着基石作用。企业培训侧重员工个体素质的提高，在知识经济条件下，企业竞争更多地表现为员工素质的竞争、员工学习能力的竞争。企业核心竞争力是在一定的战略框架下，对这些能力的整合。培训的终极目标是促进核心竞争力的形成，战略目标的实现。如果为了培训而培训，培训就变成了资源的浪费。所以，培训是核心竞争力形成的基础，核心竞争力的形成是企业培训的目标。

由此可见，人力资源因素对第三方汽车物流企业的核心竞争力有影响作用，故提出以下假设。

H2：专业人员的培训对第三方汽车物流企业的核心竞争力有正向影响。

三、市场为导向与第三方汽车物流企业核心竞争力

“企业的唯一目标就是创造顾客……顾客决定了企业的发展方向……因此企业有且只有两个基本功能：营销和创新（彼德·德鲁克，2000）。”早期的营销观念以讨论与拓展为主，主要以“市场为导向”变量的测量及其他变量，特别是组织绩效之间的关系为研究对象。学者们普遍认为市场为导向是营销观念的执行，营销观念是市场为导向的基础。市场为导向是一种通过对顾客、竞争者及内部部门协调的重视，以期产生更好的顾客价值并建立竞争优势的组织文化，市场为导向是现代营销管理和战略的核心之一。

多年来，学者们对什么是“市场为导向”有不同的见解和看法。大多数学者将组织执行营销观念称为组织的营销导向，也有人将其称为市场为导向，而有些研究仅以市场为导向来代表营销导向。Shapiro C、Varian H（1998）认为营销导向的说法过于狭隘，并且容易产生误导作用，使人们误以为处理市场活动都是属于营销部门的责任。实际上，市场为导向不仅是业务部门和营销部门的责任，而且是每个部门都必须积极参与的一种整体经营理念。Kohli和Jaworski（1990）主张的“营销导向”一词已不适用，而应改用“市场为导向”才能反映营销的真谛，其主要理由是：①营销观念不仅涉及营销部门的职能，还应包含其他部门的功能，若只用营销导向，似乎太狭隘了，而且

有误导之嫌；②市场为导向可避免营销部门的重要性过度膨胀，使营销部门更易于与其他部门协调并共同分担责任；③市场为导向意味着将注意力聚焦于市场，包括顾客及其他对顾客具有影响的力量，而不是仅谈及顾客。

1990 年之前的文献对市场为导向的研究仅仅是定性的描述与讨论，几乎没有学者试图以精确衡量的方式来进行界定，来评估市场为导向的观念及其对企业绩效的影响。Kohli 和 Jaworski（1990）与 Narver 和 Slater（1995）分别提出了较精确的市场为导向定义与衡量方法，以计算某一企业或战略事业单位实施市场为导向的程度，他们以此为基础提出了一份测量市场为导向程度的问卷，把市场为导向看作是一种信息管理的过程，其重点在于：一是搜集顾客与竞争者的情报，将搜集到的情报进行跨部门间的传递；二是根据情报来选择目标市场与制定公司的营销策略。这种对市场为导向内涵的理解其实与组织学习理论的内涵非常相近，同是以关注信息的取得与扩散为主。

Narver 和 Slater 1995 认为，市场为导向是一种“组织文化”，包括对于顾客、竞争者及内部部门协调的组织文化，他们在此基础上提出了市场为导向为中心的五个相关概念：①市场导向（customer orientation），指组织能充分地了解目标市场心目中产品的独特价值并预测顾客需求的可能变化；②竞争者导向（competitor orientation），指组织对竞争者短期内的优缺点及长期能力与战略的了解；③部门间的协调（interfunctional coordination），指协调使用组织的资源以创造较好的顾客价值；④长期观点（long-term horizon），指在追求利润与处理顾客关系时重视长期的观点；⑤强调生存和成长 / 利润（profit emphasis），指组织能自行负担费用、持续营运或重视成长与利润。总体而言，Narver 和 Slater 等学者主要是从哲学方面或策略方面来定义市场为导向。其重点在于顾客导向、竞争者导向与部门间的协调；而 Kohli 和 Jaworski 则是从行动视角来定义市场为导向。实际上，市场为导向具有程序、组织文化及能力等多种特质，是组织应对外部环境各种变化过程中的应对措施，包括顾客层面、竞争者层面及一般环境层面对于组织内在协调机制的激励等内容。

当前第三方汽车物流企业要学习的任务和内容很多，最主要的核心内容就是对现代物流理念的理解，并应用于满足汽车生产企业现实需求与潜在需求；与传统规模物流企业相比通过学习提升组织创新的能力，以形成具有突破性的局部竞争优势。

由此可见，市场为导向因素对第三方汽车物流企业的核心竞争力有影响作用，故，提出以下假设。

H3：市场为导向对第三方汽车物流企业的核心竞争力有正向影响。

四、组织创新与第三方汽车物流企业核心竞争力

“创新理论”是由世界著名经济学家熊彼特首先提出的。他认为所谓“创新”，“就是建立一种新的生产函数”，即生产要素和生产条件的一种从未有过的“新组合”，并引入生产体系（张石森，2013j）。

创新是指新的观念、流程、产品、服务的产生、接受和执行（Thompson，1965）。在面临激烈的竞争与不确定环境下，企业为了追求生存与成长，组织的创新更为重要。第三方汽车物流企业要根据市场需求改革创新，用现代物流的理念和技术，进行业务重组和流程再造，在服务功能、规章制度、发展战略和经营管理等各个方面进行必要的调整和完善，建立与此相适应的灵活的企业机制与管理体制。

企业通过创新形成竞争优势。它们在各种领域，包括新科技与新方式，发展创新，建立新的竞争基础，或从旧的方法中找出更好的竞争手法（迈克尔·波特，1980a）。汽车物流是一个新兴的行业，机制、管理手段和方法都要与高速发展的汽车工业相匹配，否则原来有好的基础条件也会被淘汰。

落实对第三方汽车物流企业机制创新关键在于理念创新，要根据当前汽车物流发展的要求，用现代物流理念改造传统的汽车物流企业。现代物流理

念不同于传统的物资配送，它是指将采购与分销即上游和下游两个为生产服务的供应链统一在一起，形成的现代物流供应链。目前，国际上大的汽车生产商与大的汽车销售商形成的供应链，已经成为现代汽车生产、销售和利润主体，也是未来汽车产业发展的主导方向之一。

理念创新必然要通过运行机制体现出来，因此，第三方汽车物流企业的理念创新必然会要求在经营机制上进行相应的创新。机制创新内容较多，主要包括汽车物流市场上的快速反应机制、物流技术创新机制、管理创新机制、快速高效的决策机制、与汽车生产企业及内外部的平衡协调机制等。

由此可见，组织创新因素对第三方汽车物流企业的核心竞争力有影响作用，故提出以下假设。

H4：组织创新对第三方汽车物流企业的核心竞争力有正向影响。

五、组织文化、人力资源因素、市场为导向与第三方汽车

组织文化有助于形成企业创新能力，创新能力对于企业来说是一种综合性的素质要求。管理大师熊彼特曾说过，企业创新能力表现在五个基本方面：开发新产品、研制新工艺、拓展新市场、提供原材料的新供给来源和实施新生产管理方式。可见，企业创新能力是指企业为了满足顾客和消费者不断变化的需求，提高企业竞争优势包括构思、开发、商业化等环节的一系列创新活动。要实施这些创新活动，需要在企业建立相应的创新机制和制度，也需要形成企业的创新价值观念，以此使创新成为企业的一种理念和思维，并长期坚持和贯彻。能有效应对外部环境变化积极的组织文化则有助于企业创新能力的形成和持续发展。

创新是指形成创造性思想并将其转化为有用的产品、服务或作业方法的过程，即富有创新能力的组织能够不断地将创造性思想转变为某种有用的结果。

总之，企业的创新能力将大大提高企业的持续竞争优势。

企业的创新能力主要包括企业的组织创新能力、技术创新能力等。企业组织的创新实际上就是企业组织的变革。在一些有关创新的研究文献中，组织创新被认为是组织采纳的一个新构思或新行为。相对应的，组织创新被认为是采纳一些对于组织所在行业，时常或一般环境来讲是全新的构思或行为。导入新产品的第一个组织被认为是创新者，而模仿的企业被认为是进行了变革。然而，从管理创新的角度，创新和变革这两个词是可以替换使用的。因为无论一项变革对于外界其他组织，是早还是晚，组织内的变革过程是趋于一致的。

一般而言，创新被组织采纳吸收要通过一系列的步骤或要素。首先是组织成员意识到一项可能的创新，评价其适用性，然后再进行评估和筛选。为了成功地完成一项创新，管理者必须确保组织内部每个要素的进行，只要有一个要素产生失误，变革过程将会失败。一个创新型组织的特征有灵活性、没有严格的工作规则。一个有机的、自由流动的组织往往与创新相联系，并被认为是适应动荡环境的最好组织形式。

企业的技术创新能力是另一项十分重要的创新能力。在当今飞速变化的社会，任何一家公司如果不能持续地进行开发、获取和改变新技术，很可能在几年内就会从商界中消失。从单纯的技术角度来讲，技术创新是分层次的。美国麻省理工学院斯隆管理学院教授詹姆斯·阿特拜克（James M. Utterback，1975）认为，技术的剧烈变动可颠覆公司的现有地位，技术创新分为三个阶段。一个产业部门或一类产品的产品创新率在产品“流动阶段”最高；在“转换阶段”重大产品创新率下降，重大产品工艺创新率上升，产品多样化让位于标准化设计；在“特性阶段”产品和工艺的根本性创新逐渐下降，这个时期的产业极为重视成本、产量和生产能力，产品和工艺创新以小的渐进方式进行。他认为企业可以在技术创新三个不同的阶段为企业创造竞争的优势。因而，从单纯技术角度对企业技术创新能力的测量就可以从重大产品技术创新、技术改良以及工艺革新等方面来考察企业的技术创新能力。

技术创新能力还主要涉及企业创新资源的投入、创新管理能力、创新倾向以及研究开发能力等方面。企业创新资源的投入和研究开发能力的测量可以通过研发投入、员工培训的投入、创造性员工的数量等方面来进行测量。而企业的创新管理能力和创新倾向则可以通过斯蒂芬·P. 罗宾斯（2004）教授所说的组织文化因素来测量。他认为一种有利于企业创新的文化应包括：接受模棱两可、容忍不切实际、接受风险、容忍冲突、注重结果、强调开放系统等方面。本书认为这些因素中最重要的是鼓励冒险和强调开放系统。鼓励冒险就是组织鼓励员工大胆试验，不用担心可能失败的后果。错误被看作是提供学习的机会，强调开放系统就是组织时刻监控环境变化，接纳与适应环境变化，对环境变化随时做出快速反应。

由此可见，组织文化、人力资源因素、市场为导向对第三方汽车物流企业的组织创新有影响作用，故提出以下假设。

H5：组织文化、人力资源因素、市场为导向对第三方汽车物流企业的组织创新有正向影响。

H5a：组织文化对第三方汽车物流企业的组织创新有正向影响。

H5b：人力资源因素对第三方汽车物流企业的组织创新有正向影响。

H5c：市场为导向对第三方汽车物流企业的组织创新有正向影响。

第三节 模型构建

根据上文分析，构建本书的研究模型。首先是组织文化、人力资源因素、市场为导向对于组织创新的影响作用，将组织创新分为技术创新和管理创新两部分；其次是组织文化、人力资源因素、市场为导向对于企业核心竞争力的影响作用；然后包含组织创新（技术创新和管理创新）对于核心竞争力的影响作用。第六章将依据这个模型利用实证分析的方法对文中假设进行检验。

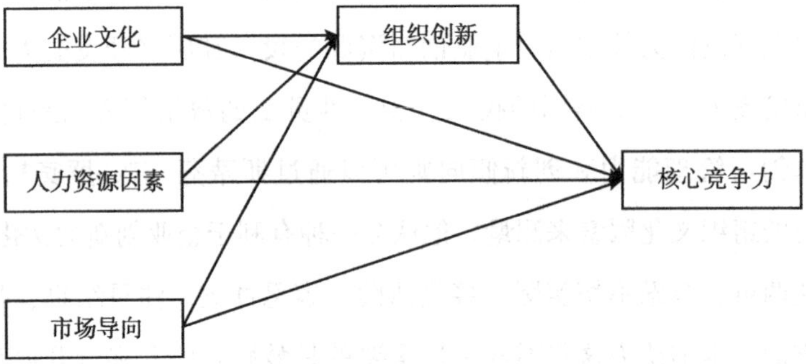

图 5.1　提出的假设模型

第四节　本章小结

利用文献分析，构建了本书的研究模型，提出了研究假设，即分别为第三方汽车物流企业的组织文化、人力资源因素、市场为导向对其组织创新（技术创新、管理创新）的影响作用；组织文化、人力资源因素、市场为导向对于企业核心竞争力的影响作用；组织创新（技术创新和管理创新）对于核心竞争力的影响作用，并根据研究假设构建了理论模型。

第六章　研究方法及问卷设计

本章主要根据前文的假设推导及模型建立，对本书的研究进行设计。包括研究假设、研究方案的详细说明（研究工具及研究的程序和步骤），以及问卷的编制过程。

第一节　问卷设计

一、变量说明及其测量

本书对各项变量的定义都主要是在前述的文献探讨基础上整理而得。各变量的定义分述如下。

（一）组织文化

对于组织文化的测量，本书参考郑永忠（2006）的四种组织文化，以及 Frohman（2008）分类的四种组织文化，并根据本书关于第三方汽车物流企业的主题进行。此外，由于所针对的是不同的企业为样本，与国外的企业有不同的文化背景，所以，需要对现有的量表进行修正。

（二）人力资源因素

企业培训在企业核心竞争力形成过程中起着基石作用。没有每一个员工能力的提高，再好的战略框架、再先进的技术在企业中也就失去了运用的土壤，核心竞争力将无法形成。所以，关于人力资源因素，我们将其界定为企业每年对专业人员的培训投入金额（以人民币为单位）。

（三）市场为导向

本书衡量市场为导向的量表来自文献 Kumar：Subramanian 和 Yauger（2008），是 Narver 和 Slater（2005）所提出的衡量市场为导向的量表的修订版，其中包含市场导向、竞争者导向、部门间的协调、长期观点及强调生存和成长、利润 5 个因素 25 个问题项。

（四）组织创新

由以上文献探讨得知，在企业内的创新，不外乎是管理与技术两大领域。因此，本书以管理创新与技术创新为组织创新的构面因素，以此来衡量企业创新的相关议题，并参考采用蔡启通（2007）所发展的量表，因其内容包含规划、组织、用人、领导、控制与服务等领域，是比较完整衡量整体企业的思维。

（五）核心竞争力

由文献探讨，综合各论点，笔者认为企业核心能力是企业一切知识最深层的内涵，在运作上是跨部门技术、科技能力的协调与整合；尽管在现在与未来，都维持极强的竞争能力；而且具有唯一性，又难以被模仿，因此要衡量组织核心能力，必须涵盖组织整体性的核心能力以及各项相关能力。本书核心竞争力的量表主要参考并修改自李洋升（2010）和孙嘉琪（2014）的研究。

二、问卷指标的选择

本书拟采用的工具为五组题项的问卷：共40个项目，本书主要采用问卷法，主要利用统计工具SPSS 26.0进行项目分析、因子分析、信度分析、相关分析、多元回归分析、聚类分析、方差分析及描述性统计。

（一）第三方汽车物流组织文化量表

1. 团队精神型：以团队方式做决策，强调集体绩效，由团队共同追求组织目标

（1）各部门目标与公司目标相结合。

（2）公司同事之间团结合作。

（3）积极进取，有不畏困难，向困难挑战的精神成为公司主流。

2. 严格监督型：组织中档规定明确，赏罚分明

（4）公司在执行工作前会先清楚说明要求事项。

（5）主管重视监督各项工作的进度与质量程度。

（6）切实执行工作成果好坏的奖赏与惩处。

3. 卓越创新型：自创新中追求卓越，掌握是市场先机

（7）公司鼓励同仁多发表新观念。

（8）不断引进新管理方式，以保持组织活力。

本量表采用Likert五点尺度量表，填答者在1-5个空格中勾选一个，代表其对本问项由非常同意至完全不同意的程度，本书将各问项分数加总作为管理者认知本企业组织文化的倾向。

（二）组织创新问卷

1. 管理创新：指组织中规划、组织、用人、领导、控制与服务等领域作业上的创新

（1）注重引进现代物流理念与新的管理知识。

（2）管理上的调整使同事充分发挥能力而且士气高昂。

（3）常能事先妥善规划未来的新发展。

（4）公司的营运计划大部分是整合各部门新的观点。

（5）注重调整组织各职位的责任与权利。

（6）经常配合环境的变动变更各部门的工作职务。

（7）主管以开明领导方式带领部属发挥团队能力。

（8）重视部门及员工之间的沟通协调使工作和谐顺利。

2. 技术创新：指组织所提供的专业化服务产品、信息技术的内部应用、信息系统与汽车生产企业供应链管理信息互联等方面的创新

（9）公司重视技术新知识的收集与教育训练。

（10）重视对适合汽车产业特点的专业化服务产品的研究开发。

（11）有相当高的利润是来自新开发的增值服务。

（12）注重引进现代信息技术手段并为客户提供增值服务。

本量表采用 Likert 五点尺度量表，填答者在 1~5 个空格中勾选一个，代表其对本问项由非常同意至完全不同意的程度，本书将各问项分数加总作为管理者认知本企业组织创新的程度。

（三）组织核心竞争力问卷

1. 策略营运能力

（1）以愿景作为引导团队努力的方向。

（2）企业内部跨部门的沟通、参与、互动运作顺畅。

（3）能有效整合汽车物流行业及企业内部各种不同专业技术与资源。

（4）有同行业竞争者难以仿效的特别能力。

2. 物流网络资源能力

（5）拥有较广的自建物流服务网络或与合作伙伴共享的物流网络资源。

（6）拥有雄厚的财务资源使营运进行顺利。

（7）与汽车零部件供应商有长期良好的合作关系。

（8）与所服务的汽车生产供应链企业有良好的合作关系。

（9）与所服务的汽车生产企业形成战略合作伙伴关系。

3. 营销配送能力

（10）企业的服务及服务价格受到市场的认同。

（11）企业所设营销据点较为贴近顾客。

（12）企业具备高效率的汽车零部件入厂物流及商品车销售物流系统。

（13）企业的服务质量稳定与服务响应快速。

本量表采用 Likert 五点尺度量表，填答者在 1–5 个空格中勾选一个，代表其对本问项由非常同意至完全不同意的程度，本书将各问项分数加以汇总作为管理者认知本企业“企业核心能力”的程度。

（四）市场导向问卷

市场导向：组织对目标市场能够充分的了解，了解顾客心中服务的独特价值以及预测顾客需求所产生的改变，其衡量指标如下。

1. 市场导向：目标是依据顾客满意而定的

（1）密切注意及评估汽车生产企业现实需求与潜在需求。

（2）竞争优势是基于对汽车生产企业专业化服务需求的了解。

（3）经营策略是以增加顾客价值为目标而定的。

（4）经常衡量顾客的满意度。

2. 竞争者导向：组织对竞争者短期优缺点和产业策略有所了解

（5）会快速地响应竞争者的行动。

（6）高层经常讨论竞争者所具有的优势及劣势。

（7）有机会拥有竞争优势时就能锁定目标顾客。

本量表采用 Likert 五点尺度量表，填答者在 1-5 个空格中勾选一个，代表其对本问项由非常同意至完全不同意的程度，本书将各问项分数加汇总作为管理者认知本企业企业核心能力的程度。

第二节　统计分析方法

本书将采用 SPSS 26.0 软件对问卷调查收集的数据进行分析，使用的分析方法包括：描述性统计、因子分析和路径分析。

描述性统计是对调查问卷第一、第二、第三和第四部分的资料采用计算平均值与方差的形式进行统计描述，得到领导成员交换与组织支持感知的评分、组织承诺的水平及市场导向。对调查问卷第五部分获取的资料进行统计，描述调查对象的个人背景数据。

分项对总项相关（item to total correlation），用以确定某一变量是否属于问卷大项的核心内容，对于分项对总项相关系数太低的题项，则予以删除。

因子分析（factor analysis）主要功能在于诠释原始变量间的关系或结构，本项目主要使用主成分分析法（principal component factor analysis），并以变异数最大法（varimax）进行转轴，来获取主要因素，共同因子的数目以取得特征值（eigenvalue）大于 1 的因子。在因子负荷量（factor loading）上则要求绝对值大于 0.5 且因子负荷量的差异数在 0.3 以上的变量，作为后续回归，相关等统计分析中使用的关键变量。

本项目采用因子分析其主要目的在于：第一，降低变数的个数，简化资料；第二，进一步验证每一概念和变量间的相关性，即每一概念必须包含能显示相关描述变量个数的题项，所以采取因子分析来检验选取因素的适当个数，将不适当的题目删除，以获得符合研究者真正要探讨的变量。

内部一致性分析（internal consistency analysis）。本项目以克隆巴赫系数（Cronbach's α）来检验各因子衡量细项间内部的一致性，α 值越大，显示该因子内各细项之间的相关性越大，也即内部一致性越高。本项目采取 Nunnally（1978）的观点，以 0.5 以上为最低标准。

路径分析（path analysis）是复回归分析的一种应用，它可以用来研究具有时间先后次序性质的变量之间较先发生的变量对于其后发生的变量的影响，是直接影响该变量，还是通过中介变量间接影响，或者两者影响都较大。此外，路径分析也是一种探索性的统计分析工具，其目的在于探索研究者所提出的因果模式是否能适合实际的资料。

第三节　问卷试测与修正

一、试测目的

本书以前人成熟理论为基础构建测量维度及指标，通过文献探讨、访谈等手段，确保各变量的重要性和完整性。问卷各个变量和指标都经过了前人的证实和利用，但为了保证问卷的有效性，本书仍在正式调查前进行小样本的试测，采用可靠性分析与因子分析法对问卷的信度和效度进行初步检验。

利用初始问卷进行试测，一方面可初步了解部分信息，为研究设计的修正和改进提供数据支持；另一方面可通过试测对初始问卷进行检验，改进问卷设计，为最终的正式调查打好基础。

二、试测方法

信度是指问卷测量所得结果的内部一致性，或者说是问卷测量的可靠性。信度可以显示检验的问题内部是否相符合，或前后两次结果是否一致。因此，在对问卷数据进行分析前必须对其信度进行考察，保证可靠性。本书对信度分析采用的标准是克隆巴赫（Cronbach）内部一致性系数（α 系数），包括检验各指标的信度、变量的总体信度和整个量表的总体信度，检验提炼得到的每一个因子中各个因素是否测量相同或相似的特性。同时，本书采用 Nunnally（1978）和 Churchill、Peter（1984）所建议的信度标准，即克隆巴赫系数（Cronbach's α）在 0.6 以上既可接受，0.7 以上为较高的信度，大于 0.8 则表示信度非常好（马庆国，2010a），CITC（Corrected Item-Total Correlation）的值小于 0.5 的则删去该指标。

效度是指测量工具能够测出研究人员所需测度的事物的程度。从统计学上讲，效度也是指测量结果与某种外部标准（效标）之间的相关程度，评定效度常用的方法有：内容效度、预测效度、同时效度、构思效度、聚合效度与辨别效度等。因子分析是多元统计分析的一个重要分支，主要目的是浓缩数据。通过对诸多变量的相关性研究，可以用假想的少数几个变量来表示原来变量的主要信息（马庆国，2010b）。构思效度是最重要的效度指标之一，可采用因子分析对问卷的构思效度进行检验。运用因子分析方法从数据中浓缩出基本构思，以此来对测量的构思效度进行分析。

三、试测结果

在试测之前，笔者与企业内的相关高管进行探讨，修改了部分指标的具体问法，以方便调查对象能够更加准确地回答问卷中的问题。

问卷试测部分：共发出问卷 60 份，收回 57 份，回复率达到 95%，其中有效问卷 54 份。样本涉及不同性质的企业，使本次研究的普遍性得到了保证，笔者向从事汽车生产企业及汽车物流同行发放初始问卷，进行问卷试测。

（一）样本描述

在 54 个有效样本中，样本的分布特征见表 6. 1。

表 6. 1　样本基本分布特征

人口统计变数	变数分类	样本数	百分比/%
性别	男	32	59. 3
	女	22	40. 7
职务级别	高层管理人员	3	5. 6
	中层管理者	13	24. 1
	基层管理者	15	27. 8
	普通职员	21	38. 9
	其他	2	3. 6
企业性质	国有企业	18	33. 3
	民营企业	14	25. 9
	中外合资企业	13	24. 1
	其他	9	16. 7

1. 信度和效度

（1）组织文化量表。对本次关于调查问卷中关于组织文化的涉及四个测量维度的 8 个问题进行因子分析，SPSS 26. 0 的输出结果如表 6. 2 所示。

表 6.2　KMO 测度和巴特利特球体检验结果

KMO 样本测度		0.774
巴特利特球体检验	近似卡方分布 Approx. Chi-Square	349.222
	自由度 df	66
	显著性 Sig.	0.000

KMO 越接近于 1，越适合做公共因子分析。若 KMO 过小，则不适合做因子分析。资料是否适合做因子分析，一般采用如下主观判断：KMO 在 0.9 以上非常适合；0.8~0.9 很适合；0.7~0.8 适合；0.6~0.7 不太适合；0.5~0.6 很勉强；0.5 以下不适合。表 6.2 结果显示的 KMO 值为 0.774，该资料适合做因子分析。同时看到，表中巴特利特球体检验的 x^2 统计值的显著性概率 Sig 是 0.000，小于 0.01，说明资料具有相关性，是适宜做因子分析的。

采用主成分分析法（principal components）对关于组织文化的 8 个问题进行因子分析，并使用因子旋转中正交旋转的方差最大正交旋转法（varimax）进行旋转，根据卡特尔陡阶标准，抽取了 4 个因素。具体结果见表 6.3。

表 6.3　组织文化的因子矩阵

问题	因子		
	1	2	3
NO.1	0.871		
NO.2	0.860		
NO.3	0.788		
NO.4		0.823	
NO.5		0.898	
NO.6		0.912	
NO.7			0.935

续表

问题	因子		
	1	2	3
NO. 8			0. 822

用主成分法抽取因子，并进行 varimax 旋转，保留负荷大于 0. 50 的项目，通过以上分析结果可以看出，从 8 个题目中可以提炼出 3 个公共因子（如表 6. 3 所示），这与问卷设计时构建的 3 个测量维度相一致，问卷的结构效度完全得到检验。

通过尺度分析（scale）中的信度分析（reliability analysis）对领导成员交换的 4 个及整体变量进行信度分析，采用 α 模型，即克隆巴赫系数模型来评价领导成员交换量表的内部一致性。所得的资料见表 6. 4。

表 6. 4　组织文化指标可靠性

指标内容	CITC	删除本项后的 α 值	克隆巴赫系数（Cronbach's α）
团队精神			0. 8990
1	0. 8033	0. 8530	
2	0. 7781	0. 8750	
3	0. 8202	0. 8395	
严格控制			0. 8868
4	0. 7940	0. 8279	
5	0. 8064	0. 8166	
6	0. 7421	0. 8711	
卓越创新			0. 8347
7	0. 7667	0. 8730	
8	0. 7703	0. 6936	
组织文化			0. 9082

由表 6. 4 中可以看出，量表的信度水平较高，整体信度达到 0. 9082，超

过信度的最低标准 0. 50（Nunnally，1997），根据研究，0. 7 以上为信度较满意的水平。说明该测量的一致性程度很高并且内部结构良好。

（2）组织创新。同上述方法相同，对组织创新进行信度和效度分析，所得的数据见表 6. 5～表 6. 7。

表 6. 5　KMO 测度和巴特利特球体检验结果

KMO 样本测度		0. 795
巴特利特球体检验	近似卡方分布 Approx. Chi-Square	135. 836
	自由度 df	15
	显著性 Sig.	0. 000

表 6. 6 组织创新的因子矩阵

问题	因子	
	1	2
NO. 9	0. 759	
NO. 10	0. 717	
NO. 11	0. 730	
NO. 12	0. 817	
NO. 13	0. 731	
NO. 14	0. 815	
NO. 15	0. 759	
NO. 16	0. 717	
NO. 17		0. 823
NO. 18		0. 898
NO. 19		0. 912
NO. 20		0. 822

表 6.7　组织创新指标可靠性

指标内容	CITC	删除本项后的 α 值	克隆巴赫系数（Cronbach's α）
管理创新			0.8784
9	0.8328	0.8300	
10	0.7113	0.8530	
11	0.6478	0.8644	
12	0.7327	0.8496	
13	0.4933	0.8866	
14	0.7024	0.8545	
15	0.6999	0.7894	
16	0.6379	0.8081	
技术创新			0.8675
17	0.7873	0.8523	
18	0.7390	0.8612	
19	0.7341	0.8617	
20	0.6549	0.8745	

从以上得出的结果可以看出，管理创新的单维度信度达到 0.8784，信度良好；技术创新的单维度信度达到 0.8784，信度良好；KMO 值 0.795，显著性为 0.000，varimax 旋转后也得到了组织支持感知的一维度结构，并且每项负荷均在 0.7 以上，结构效度良好。

（3）核心竞争力。同上述方法相同，对核心竞争力进行信度和效度分析，所得的数据见表 6.8～表 6.10。

表 6.8　KMO 测度和巴特利特球体检验结果

KMO 样本测度		0.790
巴特利特球体检验	近似卡方分布 Approx. Chi-Square	383.775
	自由度 df	120
	显著性 Sig.	0.000

表 6.9　核心竞争力的因子矩阵

问题	因子		
	1	2	3
NO. 21	0.710		
NO. 22	0.810		
NO. 23	0.701		
NO. 24	0.743		
NO. 25		0.773	
NO. 26		0.619	
NO. 27		0.584	
NO. 28		0.637	
NO. 29		0.512	
NO. 30			0.544
NO. 31			0.630
NO. 32			0.813
NO. 33			0.769

表 6.10　核心竞争力指标可靠性

指标内容	CITC	删除本项后的 α 值	克隆巴赫系数（Cronbach's α）
策略营运			0.8388
21	0.6999	0.7894	

续表

指标内容	CITC	删除本项后的 α 值	克隆巴赫系数（Cronbach's α）
22	0.6379	0.8081	
23	0.6037	0.8175	
24	0.7235	0.7825	
物流网络资源			0.6439
25	0.5598	0.8286	
26	0.5617	0.5492	
27	0.5530	0.5549	
28	0.5106	0.5843	
29	0.5740	0.6132	
营销配送			0.7332
30	0.5702	0.7291	
31	0.5679	0.6570	
32	0.5577	0.7012	
33	0.5694	0.6568	
核心竞争力			0.8340

从表 6.10 可以看出，核心竞争力的整体信度达到 0.8340，各维度的信度也都在 0.6 以上，问卷信度良好。

（4）市场导向。同上述方法相同，对市场导向进行信度和效度分析，所得的数据见表 6.11~表 6.13。

表 6.11 KMO 测度和巴特利特球体检验结果

KMO 样本测度		0.716
巴特利特球体检验	近似卡方分布 Approx. Chi-Square	407.420
	自由度 df	153
	显著性 Sig.	0.000

表 6.12　市场导向的因子矩阵

问题	因子	
	1	2
NO. 34	0. 759	
NO. 35	0. 595	
NO. 36	0. 740	
NO. 37	0. 697	
NO. 38		0. 661
NO. 39		0. 714
NO. 40		0. 758

表 6.13　市场导向指标可靠性

指标内容	CITC	删除本项后的 α 值	克隆巴赫系数（Cronbach's α）
市场导向			0. 8868
34	0. 6464	0. 8756	
35	0. 6467	0. 8758	
36	0. 6671	0. 8231	
37	0. 7873	0. 8523	
竞争者导向			0. 7893
38	0. 7390	0. 8612	
39	0. 7341	0. 8617	
40	0. 6549	0. 8745	
市场导向			0. 8621

从以上得出的结果可以看出，市场导向整体信度为 0. 8621，两个纬度信度均在 0. 70 以上，信度较好。

对问卷的全部项目进行信度分析，整体信度达到 0. 9373，整个问卷的信度比较高。

第四节 本章小结

本章依据第五章提出的模型及相关假设，对实证研究的过程进行详细设计，包括对研究工具和研究程序的详细说明；同时，对初始问卷的试测结果和正式问卷编制的过程进行详细描述，在试测中，主要是检验了问卷的信度和效度。第七章将根据本章的研究成果进行大范围的样本调查。

第七章　实证分析

第六章对问卷进行了设计和试测，得出本书实证部分的最终问卷。经过试测和修正，问卷的指标更加完善，这为实证研究打下了坚实的基础。本章，将会对问卷进行一个大范围的调查，并采用 SPSS、Amos 等软件对所采集到的数据进行分析：对问卷调查样本进行基本的统计描述，并对问卷进行信度和效度的分析；验证领导成员交换、组织支持感知、组织承诺和组织沟通模型。

第一节　样本分析

本次问卷调查的对象是在第三方汽车物流企业，由于调查对象比较特殊，没有办法适用随机抽样的方法，所以抽样方法为方便抽样法，通过笔者在汽车生产企业、汽车物流企业和为汽车生产企业及汽车物流企业提供信息化咨询和软件开发服务的企业发放问卷，分为纸质问卷和电子版问卷两种，累计发放问卷 180 份，收回问卷 153 份，其中有十份问卷所填数据不全，故有效样本为 143 个。在 143 个有效样本中，样本的分布特征见表 7. 1。

表 7.1 样本基本分布特征

人口学变数及组织变量	变数分类	样本数	百分比/%
年龄	25 岁及以下	2	1.4
	26~30 岁	38	26.6
	31~35 岁	71	49.6
	36~40 岁	20	14.0
	41~45 岁	9	6.3
	46~50 岁	2	1.4
	51~55 岁	0	0.0
	56 岁及以上	1	0.7
最高学历	专科以下	15	10.5
	本科	83	58.0
	硕士	43	30.1
	博士及以上	2	1.4
单位工龄	1 年以下	14	9.8
	2~3 年	28	19.5
	4~6 年	40	28.0
	6~9 年	25	17.5
	10~12 年	20	14.0
	13 年以上	16	11.2
职务级别	高层管理人员	31	21.7
	中层管理人员	52	36.3
	基层管理人员	44	30.8
	其他	16	11.2
单位性质	国有企业	72	27.9
	民营企业	89	34.5
	中外合资企业	59	22.9
	其他	38	14.7

续表

人口学变数及组织变量	变数分类	样本数	百分比/%
受访公司成立年数	4~6 年	36	25.2
	7~9 年	49	34.2
	10~12 年	28	19.6
	13~15 年	13	9.1
	16~20 年	10	7.0
	21~25 年	7	4.9
	26 年及以上	0	0.0
受访公司员工数	50 人以下	14	9.8
	51~100 人	10	7.0
	101~200 人	14	9.8
	201~300 人	6	4.2
	301~500 人	13	9.1
	501~1000 人	24	16.8
	1001~2000 人	41	28.6
	2001 人及以上	21	14.7

第二节　信度与效度分析

本书的第六章中通过试测已经对问卷的信度和效度进行了验证，对试测问卷进行了一定的修订。但为了进一步保证正式问卷所收集到资料的有效性，为接下来的模型分析等提供更准确的信息，在正式问卷分析中仍然对问卷的信度和效度用上述方法进行验证。

一、市场导向信度效度分析

从表7.2中可以看出，量表的信度水平非常高，各个维度的信度都达到了0.80以上，整体信度达到0.89，超过信度的最低标准0.50（Nunnally，1997），根据研究，0.7以上为信度较满意的水平，说明该测量的一致性程度非常高并且内部结构良好。

表7.2 市场导向信度效度分析

问题项	item-total correlation	alpha if item deleted	coefficient alpha	split-half alpha
市场导向			0.83	0.85
1. 会密切注意及评估顾客的热忱	0.59	0.81		
2. 竞争优势是基于顾客需求的了解	0.66	0.8		
3. 经营策略是以增加顾客价值为目标而定的	0.61	0.8		
4. 经常衡量顾客满意度	0.68	0.79		
竞争者导向			0.85	0.86
5. 会快速的响应竞争者的行动	0.62	0.82		
6. 高层经常讨论竞争者所具有的优势及劣势	0.68	0.82		
7. 有机会拥有竞争优势时就能锁定目标顾客	0.66	0.86		
市场导向（共7个问题项）			0.93	0.89

二、组织创新信度效度分析

从表 7.3 中可以看出，量表的信度水平非常高，各个维度的信度都达到了 0.80 以上，整体信度达到 0.89，超过信度的最低标准 0.50（Nunnally，1997），根据研究，0.7 以上为信度较满意的水平，说明该测量的一致性程度非常高并且内部结构良好。

表 7.3　组织创新信度效度分析

问题项	item-total correlation	alpha if item deleted	coefficient alpha	split-half alpha
管理创新			0.93	0.91
1. 公司经常引进新的管理知识	0.74	0.91		
2. 公司管理上的调整使同事充分发挥能力而且士气高昂	0.67	0.92		
3. 公司常会事先妥善规划未来的新发展	0.68	0.92		
4. 公司的营运计划大部分是整合各部门新的观点	0.71	0.91		
5. 公司经常适切调整组织各职位的责任与权利	0.71	0.91		
6. 公司经常配合环境的变动变更各部门的工作职务	0.6	0.92		
7. 主管以开明领导方式带领部属发挥团队能力	0.61	0.92		
8. 公司重视同仁之间的沟通协调使工作和谐顺利	0.77	0.9		
技术创新			0.87	0.83
9. 公司重视技术新知的收集与教育训练	0.55	0.86		

续表

问题项	item-total correlation	alpha if item deleted	coefficient alpha	split-half alpha
10. 公司重视新产品或新服务的研究开发	0.6	0.86		
11. 公司有相当高的利润是来自新开发的服务	0.63	0.86		
12. 公司经常引进设备	0.71	0.84		
组织创新（共12个问题项）			0.95	0.89

三、核心竞争力信度效度分析

从表7.4中可以看出，量表的信度水平非常高，各个维度的信度都达到了0.80以上，整体信度达到0.84，超过信度的最低标准0.50（Nunnally，1997），根据研究，0.7以上为信度较满意的水平，说明该测量的一致性程度非常高并且内部结构良好。

表7.4　核心竞争力信度效度分析

问题项	item-total correlation	alpha if item deleted	coefficient alpha	split-half alpha
策略营运能力			0.85	0.86
1. 公司以愿景作为引导团队努力的方向	0.61	0.83		
2. 公司内部跨部门的沟通、参与、互动运作顺畅	0.66	0.82		
3. 公司能有效整合内部各种不同专门技术与资源	0.68	0.82		

续表

问题项	item-total correlation	alpha if item deleted	coefficient alpha	split-half alpha
4. 公司有竞争者难以仿效的特别能力	0.65	0.83		
网络资源能力			0.83	0.8
5. 本公司拥有高水平人力素质使运作的协调整合效果良好	0.69	0.78		
6. 本公司拥有雄厚的财务资源使营运进行顺利	0.61	0.8		
7. 本公司与供应商有长期良好的合作关系	0.52	0.83		
8. 本公司与经销商或顾客有长期良好的合作关系	0.71	0.78		
9. 本公司与政府主管单位、公会有良好的互动关系	0.64	0.8		
营销配送能力			0.79	0.75
10. 本公司的营销价格受到市场的认同	0.42	0.79		
11. 本公司多设营销据点以靠近顾客	0.58	0.75		
12. 本公司具备高效率的产品销售配送系统	0.53	0.76		
13. 本公司产品售后的维修与服务响应快速	0.65	0.72		
核心竞争力（共13个问题项）			0.86	0.84

四、组织文化信度效度分析

从表7.5中可以看出，量表的信度水平非常高，各个维度的信度都达到了0.80以上，整体信度达到0.87，超过信度的最低标准0.50（Nunnally，1997），根据研究，0.7以上为信度较满意的水平，说明该测量的一致性程度非常高并且内部结构良好。

表7.5　组织文化信度效度分析

问题项	item-total correlation	alpha if item deleted	coefficient alpha	split-half alpha
团队精神型			0.88	0.85
1. 各部门目标与公司目标相结合	0.67	0.87		
2. 公司同事皆会团结合作	0.74	0.86		
3. 同事皆积极进取，有不畏困难、向困难挑战的精神	0.75	0.85		
严格监督型			0.88	0.85
4. 公司在执行工作前会先清楚说明要求事项	0.74	0.85		
5. 主管重视监督各项工作的进度与质量程度	0.71	0.86		
6. 确实执行工作成果好坏的奖赏与惩处	0.74	0.85		
卓越创新型			0.79	0.71
7. 公司鼓励同仁多发表新观念	0.58	0.74		
8. 本公司不断引进新管理方式，以保持组织活力	0.67	0.69		

续表

问题项	item-total correlation	alpha if item deleted	coefficient alpha	split-half alpha
组织文化 （8 个问题项）			0. 93	0. 87

第三节　假设检验

在经过之前对问卷各个因子的结构效度及信度检测，本书已能确认各量表具有较好的效度与信度，因此可以进一步针对各个量表间的实质关系进行检测，以检验本书所做出的各项假设。

一、相关分析

相关关系是指两类现象在发展变化的方向与大小方面存在一定的关系，但不能确定这两类现象之间哪个是因、哪个是果。而变量之间的相关关系有两种：一种是确定型的关系，一种是不确定型的关系。相关分析是研究变量之间不确定型关系的统计方法。本书的相关分析采用 Person 相关分析法，结果见表 7. 6。在给出的相关系数表中可以看出，因变量和自变量之间存在显著的相关关系，自变量之间、自变量和控制变量不存在多重相关性（相关系数都低于 0. 5）。

表 7.6　组织文化、人力资源因素、市场导向、组织创新、核心竞争力相关分析

变数	1	2	3	4	5	6	7	8	9	10	11
1. 团队精神	1										
2. 严格监督	0.342**	1									
3. 卓越创新	0.393**	0.492**	1								
4. 管理创新	0.420**	0.273**	0.341**	1							
5. 技术创新	0.444**	0.482**	0.434**	0.446**	1						
6. 人力资源因素	0.417**	0.364**	0.347**	0.424**	0.32**	1					
7. 市场导向	0.199**	0.146*	0.124*	0.452**	0.46**	0.171**	1				
8. 竞争者导向	0.12*	0.101*	0.037*	0.480**	0.33**	0.164**	0.174**	1			
9. 策略营运能力	0.28*	0.34**	0.39**	0.41**	0.31**	0.11**	0.19**	−0.02	1		
10. 网络资源能力	0.39**	0.43**	0.31**	0.60**	0.044	0.20**	−0.06**	0.16**	0.03*	1	
11. 营销配送能力	0.25*	0.23*	0.35**	0.60**	0.063	0.11**	−0.13**	0.08**	0.06**	0.07**	1

二、SEM 分析

分析工具采用 SPSS 26.0 及 Amos 24.0，根据回收的资料进行分析与检测变量之间的关系。结构方程模式（SEM）是一种用实证数据来验证理论模式的统计方法，它融合了因子分析（factor analysis）和路径分析（path analysis）两种统计技术，是当代社会科学量化研究中最重要的新兴统计方法。

（一）整体理论模型检验

整体模型拟合度指标是用来检验整体模式与观察数据的拟合成，这方面的适合度衡量标准有多种指标，一般将其分为三种类型：绝对拟合指数、相对拟合指数和简约拟合指数。模型拟合指数见表 7.7，综合各项指标判断，本书理论模型的整体模型拟合度较好，可以用来检验本书提出的理论假设。

表 7.7 模型拟合指数

	拟合指标	模型估计	估计值区间
绝对拟合指数	χ^2（概度比率卡方检验值）	71.57（df=38）	
	GFI（良性拟合指数）	0.918	大于 0.90
	AGFI（调整的良性拟合指标）	0.858	接近于 0.90
	RMR（参差均方根）	0.019	小于 0.05
	RMSEA（近似误差方根）	0.078	小于 0.08
相对拟合指数	CFI（比较拟合指标）	0.967	大于 0.90 接近 1.00
	IFI（增值拟合指标）	0.968	大于 0.90 接近 1.00
	NFI（规范拟合指标）	0.934	大于 0.90 接近 1.00
	RFI（相对拟合指标）	0.904	大于 0.90 接近 1.00
	TLI（Tucker2Lewis 指标）	0.953	大于 0.90 接近 1.00

续表

<table>
<tr><th></th><th>拟合指标</th><th>模型估计</th><th>估计值区间</th></tr>
<tr><td rowspan="6">简约拟合指数</td><td>AIC（阿凯克信息标准）（理论模式）</td><td>127.570</td><td rowspan="3">理论模式 AIC 值小于饱和模式 AIC 值和独立模式 AIC 值</td></tr>
<tr><td>AIC（阿凯克信息标准）（饱和模式）</td><td>132.000</td></tr>
<tr><td>AIC（阿凯克信息标准）（独立模式）</td><td>1099.914</td></tr>
<tr><td>PNFI（简约规范拟合指标）</td><td>0.645</td><td>大于 0.5</td></tr>
<tr><td>PCFI（简约比较拟合指标）</td><td>0.668</td><td>大于 0.5</td></tr>
<tr><td>χ^2/df（卡方值与自由度的比值）</td><td>1.883</td><td>大于 1，小于 3</td></tr>
</table>

（二）假设验证

理论模式的路径系数和假设检验结果见表 7.8：假设 H4、H5a、H5b、H5c 的 *P* 值都小于 0.05，这些假设都获得了支持；H1、H2、H3 的 *P* 值大于 0.05，故未获支持。

表 7.8　理论模式的路径系数与假设验证

变量间关系	路径系数	*P* 值	对应假设	检验结果
组织文化→核心竞争力	0.085	0.936	H1	不支持
专业人员培训→核心竞争力	0.057	0.620	H2	不支持
顾客导向→核心竞争力	0.012	0.705	H3	不支持
组织创新→核心竞争力	0.367	0.000	H4	支持
组织文化→组织创新	0.248	0.000	H5a	支持
专业人员培训→组织创新	0.384	0.000	H5b	支持
顾客导向→组织创新	0.541	0.005	H5c	支持

三、修正后的模型

本书模型的假设部分得到了支持，如 H4、H5a、H5b、H5c 等都获得了支持，但是有部分假设没有获得支持，如 H1、H2、H3。研究假设检验结果见表 7.9。

表 7.9 研究假设检验结果

研究假设	检验结果
H1：组织文化对第三方汽车物流企业的核心竞争力有正向影响	未获得支持
H2：专业人员的培训对第三方汽车物流企业的核心竞争力有正向影响	未获得支持
H3：市场为导向对第三方汽车物流企业的核心竞争力有正向影响	未获得支持
H4：组织创新对第三方汽车物流企业的核心竞争力有正向影响	获得支持
H5：组织文化、人力资源因素、市场为导向对第三方汽车物流企业的组织创新有正向影响	获得支持
H5a：组织文化对第三方汽车物流企业的组织创新有正向影响	获得支持
H5b：人力资源因素对第三方汽车物流企业的组织创新有正向影响	获得支持
H5c：市场为导向对第三方汽车物流企业的组织创新有正向影响	获得支持

统计结果显示，组织文化、人力资源因素、市场导向等因素对于企业的核心竞争力没有显著的影响作用，而组织创新对于企业的核心竞争力来说有着显著的影响作用；组织文化、人力资源因素和市场导向可以通过对组织创新的培育来获取核心竞争力。根据研究假设验证的结果，得出了修正的模型，如图 7.1 所示：

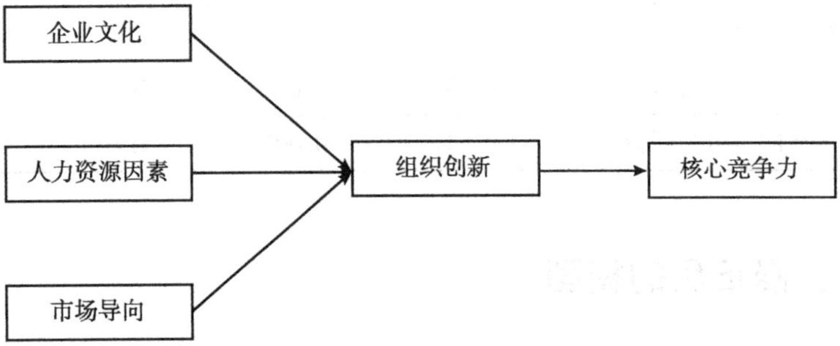

图 7.10 修正后的模型

第四节 本章小结

本章首先对所收集的样本特征进行了描述性分析，涉及调查对象的性别、年龄、学历、工龄、职务级别以及所属企业性质等情况。本章采用SPSS 26.0统计分析软件，运用相关分析、多元回归分析以及方差分析对研究所涉及的假设进行检验，最后根据本章资料的分析归纳出对管理实践的结论和启示。统计结果显示，组织文化、人力资源因素、市场导向等因素对于企业的核心竞争力没有显著的影响作用，而组织创新对于企业的核心竞争力来说有着显著的影响作用，组织文化、人力资源因素和市场导向可以通过对组织创新的培育来获取核心竞争力。

第八章　第三方汽车物流企业核心竞争力探讨

公司战略是管理层所制定的策略规划，目的在于建立其市场领域中的位置，成功地同其他竞争对手进行竞争，满足顾客的需求，获得卓越的公司业绩。战略包括管理者在经营一家公司时所运用的所有竞争行动和业务措施（汤姆森，2000a）。如果企业要获取竞争优势，它必须选择它所要获取的竞争优势的类型及活动于其中的范围（迈克尔·波特，1985d）。本章研究内容是将第三方汽车物流企业作为一个整体来看待，旨在找出共通性的影响因素和核心竞争力培育战略措施，其结论对于提升第三方汽车物流企业核心竞争力同样具有指导意义。

第一节　第三方汽车物流企业核心竞争力缺失

一、第三方汽车物流企业目标市场障碍

第三方汽车物流企业目标市场是指汽车生产企业及供应商在供应链物流环节中将业务外包的市场。

（一）汽车物流体制、生产区域壁垒障碍

汽车生产销售的增长带动汽车物流市场需求，但就目前汽车生产企业发

展现状而言，要求它们将原来自营的主要物流功能外包存在以下四大障碍。

一是汽车生产商及零部件供应商自身有一定的物流能力，物流外包就意味着裁员与资产出售。江铃汽车集团在2003年1月将商品车销售物流外包给中联物流公司时，就取消了原集团运输部的编制，裁员100多人，将原有起重设备、运输车辆报废或拍卖，涉及裁员、国有资产处理、干部人事变更等，使企业震动较大。外包物流又触动了在原有体制下地方经济团体的利益，产生经济利益格局的震动。

二是汽车生产企业对现代第三方物流缺乏认识。一些汽车生产产量不高的企业没有改变的动力，对第三方物流也缺少认识，还是沿用传统体制下的物流运作方式。

三是一些汽车生产企业本身有较为强大的物流设施及人才队伍，通过多年的不断投入，已形成一定的规模和效益。对现在的第三方汽车物流企业能否降低成本、提供优质服务缺乏信心或在寻找更好的合作伙伴。

四是第三方汽车物流企业自身水平不高，在资金、现代物流理念、物流技术、人才等方面，距离汽车生产企业要求有一定的差距。

由于各品牌汽车集团相互之间竞争激烈，过去传统的划地域经营模式，各汽车生产企业之间和各地政府之间采取的区域保护政策，使汽车物流市场价格的公开度和竞争度还不够，还把直接关系到汽车生产价格和销售价格的汽车物流作为自己的区域领地保护，保护自己的物流资源不流外人。

2003年7月，江铃汽车集团办公大楼、仓库等地被本地几个运输车队用大型运输车封堵，使生产经营正常运作受到影响。引发这一过激行为的原因是商品车运输业务从过去优先保障本地车队，向国内从事商品车运输的企业开放，使本地企业利益受损。

汽车生产企业将过去所属企业物流部门剥离成为第三方物流，物流部门的名称换了，可还是原有的人员、原有的技术力量、原有的经营理念，新的物流企业与汽车生产厂有着难以割裂的裙带关系，在这种形势下的物流运作方式，其实只是在过去由汽车生产厂产、供、销一体化模式下换了一种运作方式而已，并树立起新的体制保护、区域保护的壁垒。

另外，在对运输商和仓储商的选用方面，各个汽车生产企业基本都是实施自己的标准和要求，实现共享的利用存在很大的难度，无形中给汽车物流企业的发展和壮大设置了壁垒，也给物流行业的规范发展设置了障碍。同时汽车生产企业信息上的保密性、物流企业之间的竞争，以及汽车生产企业自行运营物流企业的接受性和合作性，也都是影响该领域发展的重要因素。

由于地方保护主义严重，任何一块业务都背靠着或这或那的体制/生产区域壁垒，而非单纯的以竞争实力为标杆。

（二）汽车生产企业内部供应链管理局部化

以汽车生产企业零部件采购为例，目前规模汽车生产企业和关键零部件制造商大都是中外合资企业，为保证产品质量，原材料采购中绝大部分都是采用进口 CKD 件。由于进口件的采购比重过大，生产筹措阶段和运输周期变得很长，从欧洲采购 CKD 的周期至少为 12 周，以至于整个供应链上的库存居高不下，供应链缺乏柔性，从而导致供应链流程时间长，物流组织难度加大，费用增加，有时甚至需要采用空运的方式来满足市场短期的需求波动。

由于采购全球化、生产全球化和消费全球化，企业生产分工细化和物流运作变得更加复杂，加上生产成本的日益庞大，于是对企业物流管理的供应链要求更高。但是，中国大部分汽车企业的物流管理尚未适应全球化要求，往往采取“谁采购谁保管”的原则，人为地将物流供应链割断；这些企业各类物资采购计划的编制、作业计划的制订及物料的保管由不同部门各自负责，出现物流的计划、采购、供应、制造、交付各自为政，导致各部门之间难以沟通。正是由于这些企业内部人、财、物等资源的相互配合不力，企业物流计划管理的整体性凌乱，企业仓储、供应、运输运作的统筹性滞后，从而造成企业物流供应链的关系复杂，以至这些企业生产不均匀，生产经营效益难以提高。

汽车物流供应链流程长、库存高的另一个原因是国产件供应商过于分散，零部件生产的集中度不高，这给汽车物流带来很大的不便。而且由于干线运输的可靠性差，各个整车生产厂附近常常都会设立较高的安全库存，以保证生产在线的供应，这不仅增加了流程时间和物流成本，而且也大大降低了系统的柔性。

汽车生产企业出于保障物流运作的正常运作，保护自己的物流运作，照顾关系物流企业等多种因素，往往过多引入多家物流服务商进行竞争，使得业务规模有限，难以集中优势资金、人力、物力，使第三方汽车物流企业难以在某一方面做大、做强、做长，增加了形成自己核心能力的困难。

汽车生产企业体制、产业壁垒和供应链管理的局部化，给要进入汽车物流市场的第三方汽车物流企业设立了较高的门槛，影响到第三方汽车物流企业业务能力的不断扩充，整体规模的不断扩大，物流资源的充分利用，使得第三方汽车物流企业难以做大做强。

二、第三方汽车物流企业自身不足

从事第三方汽车物流的企业现状各自不同，从所服务的汽车生产企业处所获得的资源不同，如在整个汽车生产供应链环节中，汽车生产企业物流部门根据第三方汽车物流企业不同的特点、能力及人脉关系等，将汽车生产供应链环节物流过程分工过细。这样第三方汽车物流企业其经营战略的选择及核心竞争力的构建也就各不相同。第三方汽车物流行业起步较晚，多数企业安于守住过去的市场份额，对核心竞争力建设方面普遍存在认识不足、核心业务及资源过度分散、缺乏创新能力等多方面的问题。

（一）管理创新的缺失

现代物流理念是“把整个社会看作一个物流运行系统，用信息系统来整合对顾客、经销商、运输商、生产商、物流服务的供商和供应商之间的管理，让物流活动具有最佳的目的性和经济性，消除整个价值上的浪费，让整个参与者都能受益，从而提高整个社会资源的利用水平”（邹静、陈百建 2015）。

现阶段许多第三方物流是由传统运输、仓储转变而来，对现代物流理念的真正含义还不理解，更不用说辅以运作和创新的行动了。由于没有现代物流理念作为指导，缺乏战略性规划和信息技术及人力、物力的投入，缺乏配合中国汽车产业高速发展的整体思路，最终会影响第三方汽车物流企业的长久生存和发展。

在汽车生产企业产、供、销一体化的自营物流时代，物流设施主要满足于自己使用。这些设施包括：汽车生产厂区的原材料、零部件仓库及配送中心仓库和设施，位于全国销售各中心区域的商品车仓库，用于零部件运输、配送的运输车辆，用于商品车运输用大型平板车，用于日常辅助管理的一些计算机设备。当汽车生产商选择第三方物流外包后，一般都将用于物流的场地以租用或费用折算或免费提供的方式给第三方汽车物流企业使用。一些第三方汽车物流企业看好汽车工业的长期发展，在物流基础设施方面进行了较大的投入。例如，吉林长久汽车物流有限公司，从 2003 年起开始投入物流网络的建设，在北京、长春、芜湖、南京、广西、东莞等地建立起 8 个商品车仓储基地，仓储规模达 66 万平方米，一次性仓储能力为 5 万辆轿车，基础设施的投入奠定了其快速发展的机遇。

但总体来看，现有的物流基础设施还比较落后。特别是在汽车物流市场条块分割、多头经营的模式下，各汽车生产商之间、第三方汽车物流企业之间没有开展全方位的规模性的合作，各种物流基础设施的规划和建设缺乏必要的协调，系统功能不强。涉及大型运输车辆和商品车运输船等各种运输方式之间、各汽车生产企业原材料、零部件供应链之间，各地域运输系统之间、不同地区运输系统之间相互衔接的枢纽设施和有关服务设施建设方面缺乏投入，对物流产业发展有重要影响的各种综合性货运枢纽、物流基地、物流中心建设发展缓慢。只“重线路经营，轻集中存储、批次运输结点建设”造成了资源的极大浪费，也影响整个物流系统的协调发展。

（二）技术创新的缺失

由于第三方汽车物流的历史并不长，多数企业起点技术水准低，装备落后，服务质量满足不了大规模现代汽车物流服务需求，这是造成整个汽车物流总体运行效率低下的重要原因。

在仓储设施方面，第三方汽车物流企业拥有的仓库大多数是普通平房仓库，现代化仓储设施比例极低，具有高位货架、自动功能的仓库极少。在使用的搬运工具中，功能低下的搬运车，手推叉车和普通起重设备占到较大比例，而可视屏、叉车等现代化的搬运工具却很少采用。

在运输工具方面，普通运输车辆占大多数，而现代化的箱式货柜和集装箱拖车及特种运输车辆却很少。第三方汽车物流企业开发和使用的信息系统，无论软件水平，还是应用水平，都赶不上汽车生产企业的计算机应用水平，与汽车生产企业及供应商之间不能产生有效互联。

一些汽车物流企业系统功能不强，仓储功能与运输功能缺少协调，长途运输与短途配送缺乏联系衔接，各种运输方式配合不力，不同物流服务很少结合，能够提供综合物流服务，“一体化物流”和“门到门”物流服务的物流企业很少。汽车生产企业使用第三方物流服务商时很少委托总承包，一般只是部分商品车的运输或部分零部件仓储及配送，其主要原因是物流企业的系统功能不强、总承包能力不够，导致综合性服务少，单一性服务多，单据准确率低，配送及时性差，货物缺损率高，物流结算烦琐。

第三方汽车物流企业在服务理念、服务设施、服务规范、服务内容、服务营销，以及服务质量控制等方面，尤其是在综合物流服务设计、社会化物流服务与汽车生产企业供应链衔接、物流绩效考核等方面，与现代物流要求相比还有相当的差距。

在电子商务环境下，由于全球经济一体化趋势，当前的供应链系统正向全球化、信息化、一体化发展。通过电子技术的应用，供应链中节点企业能更好地实现信息共享，加强供应链中的联系，使企业可以提高生产力，为产品提供更大的附加值（艾于生，2012）。汽车物流以跨区域运作和机动、灵活、快捷为特点，而第三方汽车物流信息化的低水平，严重制约着电子商务的实施，也将影响第三方汽车物流企业的未来的发展。

汽车生产企业正逐渐向按需生产和零库存过渡，对成本和服务越来越重视，加上汽车生产跨国经营将增多，需要快速响应的物流系统和全球化的物流系统来支持。而物流企业要做到这两点，实现信息化运作是关键。而目前大多数的第三方汽车物流企业在信息化方面，应用程度较低，除了少数企业已经使用信息系统外，总体还处于基础阶段。企业间的数据交换，集团各地分公司之间的信息交流，除了极少数应用了 EDI 系统，更多的还是用传真加电话的传统方式进行。数据交换、商业合同等多以纸面介质为主，辅以 E-mail 进行，甚至仍以图纸传送方式为主。在管理上，还停留在纸笔时代，有些企业虽然配备了计算机，但还没有形成系统，更没有形成网络，同时在物流运作中也缺乏对 ERP、CRM、个人计算机、人工智能/专家系统、通信、RFID、条形码扫描等先进信息技术的应用。

第三方汽车物流企业信息化投入不足，中国汽车产业已与世界汽车产业的发展融为一体，汽车物流行业信息化发展滞后，将会阻碍我们在内部资源的整合，阻碍以汽车产业整体的力量与国际物流企业合作与竞争，也不有利于增强竞争实力。

（三）人力资源因素的缺失

随着现代物流的兴起，第三方汽车物流人才极度短缺，使得国内人才市场符合要求的管理人员，尤其是物流部门经理、物流策划人员和物流信息系统开发人员严重不足。

汽车物流高级的管理人员，这不单是指物流规划人员、物流调度人员、仓库管理人员和信息系统这类专业人员，而是具备现代物流理念、能将汽车产业的物流资源、物流市场、物流技术、物流人才、物流信息等要素有效整合起来，形成现代物流企业的高级物流人才。

目前第三方汽车物流企业管理人员和主要骨干，是以原汽车生产企业人员为主，其他人员从社会招聘，职工的素质不高，难以为汽车生产企业提供高附加值的产品和服务。有些汽车生产企业也知道运用第三方物流，但苦于第三方物流的人才素质不高而难以选择。因此，现代汽车物流产业发展急需大量具有较高文化素质和物流素质的物流管理、物流服务营销方面的专业人才。面对汽车物流全球化、一体化的服务需求，第三方汽车物流企业人才成为制约发展的瓶颈。

第二节　第三方汽车物流企业核心竞争力培育

第三方汽车物流企业培育核心竞争力的必要性，是由其附属于汽车生产企业地位和随汽车产量不断上升、成本不断下降的客观现状所决定的。培育第三方汽车物流企业核心竞争力战略，已是越来越多的企业迫切需要。随着战略规划理论和实践的发展，大多数企业已经开始认识到存在两种类型的战略：业务单元战略和公司战略。业务单元战略为企业在各自产业活动中指引方向，而公司战略囊括一个企业内所有业务单元组合的构成（迈克尔·波特，1985e）。

制定第三方汽车物流企业核心竞争力培育战略也可遵循这两个方面，一是根据国家汽车工业的宏观发展战略和交通运输行业发展规划，准确衡量本企业在国际、国内和区域经济中的战略地位、在行业发展中的水平，在物流供应链中起到的作用。二是根据自身的特点和优势，确定自身核心竞争力的战略目标、战略重点、战略规划和部署。

培育第三方汽车物流企业核心竞争力战略，可以围绕以下四个大部分进行。

首先，围绕第三方汽车物流企业的发展方向。第三方汽车物流企业在构建和培育核心竞争力战略时可考虑以下内容：赢利模式、盈利能力、目标市场、劳动生产率、服务产品、设备设施、研究与创新、组织结构、人力资源、战略伙伴、资源整合、社会责任等。

其次，围绕创新第三方汽车物流的经营模式。第三方汽车物流企业经营模式必须结合自身优势和与汽车生产企业合作层次的特点，不断创新服务提升客户价值利益，使企业最充分地发挥自有资源的优势。

再次，围绕供应链环节资源优化配置。第三方汽车物流企业拓展有利的条件是，一旦进入汽车生产领域获得业务，汽车生产商所提供的资源来源基本稳定、供应链关系基本稳定。资源优化配置就是把企业内部和外部的所有资源按照发展方向、经营目标、经营范围的要求，有机、高效地整合起来，优化它们的配置关系，提高协同效率的过程。

最后，围绕第三方汽车物流企业核心竞争力的培养和利用。第三方汽车物流企业必须有自己的强项，否则在日益剧烈的市场竞争环境下，提升核心竞争力是很困难的。为了提高竞争优势，扩大市场份额，突出在行业中的领袖地位，必须加强自身核心竞争力的培养，同时加大力度，通过各种管道、各种方式利用该核心竞争力优势。因为核心竞争力是企业获得超额利润的工具，也是资本扩张和重要筹码。

一、创新能力的提升

第三方汽车物流企业要根据市场需求改革创新，用现代物流的理念和技术，进行业务重组和流程再造。在服务功能、规章制度、发展战略和经营管理等各个方面进行必要的调整和完善，建立与此相适应的灵活的企业机制与管理体制。

企业通过创新形成竞争优势。它们在各种领域，包括新科技与新方式，察觉新的竞争基础，或从旧的方法中找出更好的竞争手法（迈克尔·波特，1980b）。汽车物流是一个新兴的行业，管理机制、管理手段和方法都要与高速发展的汽车工业相匹配，否则原有好的基础条件也会被淘汰。

例如，拥有10多辆大型商品车运输平板车的江西长运汽车物流公司，其母公司江西长运集团是国内著名的上市公司，是最早为江西江铃汽车集团运送商品车的企业。由于墨守成规，固守旧的、传统的、单一的物流运作模式，企业体制和管理机制一成不变，没有中长期的战略发展规划，无法适应汽车物流市场变革。虽然拥有大型商品车专用车辆，但在竞争对手已对专用车辆资源进行全国范围内整合调配情况下，未能进入商品车运输供应链环节，既没能力去整合别人，又没有主动适应市场被别人整合，在业务不饱满的情况下，拥有商品车专用运输车辆反而成了负担。公司难以为继，其上级单位决定退出第三方汽车物流市场，将运输车辆拍卖、人员遣散，最终不得不放弃市场。

第三方汽车物流企业机制创新的关键在于理念创新，要根据当前汽车物流发展的要求，用现代物流理念改造传统的汽车物流企业。现代物流理念不同于传统的物资配送，它是指将采购与分销，即上游和下游两个为生产服务的供应链统一在一起，形成的现代物流供应链。目前国际上大的汽车生产商与大的汽车销售商形成的供应链，已经形成现代汽车生产、销售和利润体系，这也是未来汽车产业发展的主导方向之一。

理念创新必然要通过运行机制体现出来，因此，第三方汽车物流企业的理念创新必然会要求在经营机制上进行相应的创新。机制创新内容较多，主要包括汽车物流市场上的快速反应机制、物流技术创新机制、管理创新机制、决策机制，以及平衡协调机制等。

近年西方发达国家的企业已实施了一些新的管理模式，即包括融制造技术、信息技术和管理技术于一体的虚拟经营（virtual corporation，VC）。虚拟经营是指企业在组织上突破有形的界限，仅保留企业中最关键的功能，而将其他功能虚拟化，通过各种方式，借助外力进行整合弥补的经营模式（牛鱼龙，20013）。

目前第三方汽车物流企业利用虚拟物流模式运作，可以从以下五方面考虑。

一是合理规划运输商品车。现在许多汽车生产厂或运输企业采取由甲地送往乙地的商品车，到达乙地后，与当地合作利用返回的空车将乙地的商品车运往甲地。反之，乙地的商品车运输也是一样操作。这样需要有协调的机制，对货物的数量、时间、地点、质量、运输结算等就要求有机构专门处理。

二是统筹协调零部件采购。零部件原材料的采购、运输、中转、结算等涉及原材料生产商、零部件生产商、运输商、汽车生产商等多个环节。一般汽车生产企业零部件采购的区域范围大，相当多的零部件采购距离有一千多公里，有的还是国外进口。这样零部件采购就需要统筹规划，协调平衡。

三是及早确定汽车厂商生产计划。物流运作安排可从汽车生产商的年计划、月计划、周计划、日计划中得到准确的信息，及早做好准备。这样供应链各环节在订单、仓储、运输、结算等方面就容易形成操作规范。

四是参与虚拟企业运作的各方都拥有自己的资源优势。如掌握汽车生产的原材料、零部件、商品车、运输车辆、调度指挥系统、计算机及网络等资源。

五是评估参与企业资质。一般涉及汽车物流的企业，有汽车生产企业的背景，商业信誉较好，在质量保证、交货时间、结算等方面基本上有保证。

二、培养汽车供应链管理的专业人才

企业竞争优势来源于设计、生产、营销、交货等过程，以及辅助过程中所进行的活动（迈克尔·波特，1985f）。但企业还需要拥有专业人才，将这些能力组织在一起，培育和提升企业竞争力。

（一）汽车物流人才的培养

电子商务的引入，使汽车物流行业极为复杂。优秀的汽车物流人才除了要了解传统物流的知识，还要熟悉掌握企业的生产计划、生产方式、生产工艺、生产流程、部门之间的关系，以及供应链上下游之间关系等。因而，第三方汽车物流企业培养人才应注重从以下五个方面重点培养：一是供应链客户关系管理。二是供应链观念提升。三是物流计划管理。四是学习现代信息和通信技术。最后是培养学习型组织和学习型个人。

第三方汽车物流企业之间的竞争，实际上是企业人才选拔与人才培养政策的竞争。企业应把人才战略作为首要战略，一方面要引进和培养人才。另一方面要加强人才资源的开发和管理，有计划地进行培训，取得人力资源上的绝对优势。

三、市场为导向的确立

以市场为导向的确立，需要企业以顾客为中心，为顾客创造价值，以及提供便利，主要的方法是从节点物流迈向提升供应链管理。

当前第三方汽车物流企业不管是专注于商品车运输，还是零部件仓储和配送，都属于整个汽车供应链环节中的一个节点。而供应链管理强调核心企业与相关企业的协作关系，通过信息共享、技术交流与合作、资源优化配置和有效的价值链激励机制等方法体现经营一体化。因此，企业应注重在做专某一专项业务的同时，还要向更高层次的供应链管理迈进。从节点物流向供应链管理过渡的主要内容与方法如下：

第一，通过相互参股建立供应链战略同盟。把企业化为整体供应链的一部分，按照每位客户的要求为其提供最大价值的同时，使供应链的总利润最大化。例如，汽车零部件出口企业的产品只按出厂价格交给第三方汽车物流企业，由其代为对出口产品的包装、报关、运输、结汇、结算及到达目的地过程中所有事项。这些工作都可由第三方汽车物流企业完成，而从中获取中介服务费。

第二，为上游供应商与下游客户之间相同业务进行整合，如为汽车生产企业运输轮胎、为轮胎厂运输原材料，它可以利用这条供应链进行资源整合。

第三，同多个企业合作，获得规模经济效益和物流效率，不同的企业可以用同样的装运方式进行不同类型商品的共同运输，以及对汽车轮胎生产企业点的运输和区域零售商店的运输。

第四，建立物流网络的供应链管理。当物流每个环节同时又是其他一体化物流系统的组成部分时，以物流为联系的企业关系就会形成一个物流网络。例如，第三方汽车物流建立某一范围的运输干线，为区域内企业服务，物流资源的互相利用成为多方位、纵横交叉、互相渗透的协作有机体。

第五，开展过渡性资源的物流金融服务。

第六，为供应链上企业提供信息化服务。企业拥有信息化解决方案，还可为供应链上企业提供信息化服务，并借此深入内部物流运作。

第七，代客户结算货款。利用所掌握的过渡性资源，与金融机构合作，为供应链环节客户提供货款结算业务，收取合理的结算费用。

第八，开展资源整合、扩大业务范围和建立虚似物流服务。

战略是由独特而有价值的定位创造出来的，它涉及一连串不同的活动（迈克尔·波特，1980c）。第三方汽车物流企业可以依托竞争战略在供应链上创造新的价值，降低汽车物流成本，使企业发展有新的动因和增长点。

四、企业文化的确立

首先，文化必须有价值，它能在制度和经营流程上提高企业销售、收益和降低成本，或者以其他方式实现企业价值和增值。此外，许多文献都认为文化对企业而言具有重要的经济价值，一定的组织文化能促使企业按照其员工、顾客、供应商和其他组织期望的方式进行经营。如果没有文化，企业难以或者不能获得相应的经济地位。

判断一个企业的资源和能力能否构成核心竞争力，可以从有价值、稀少、难以模仿、不可替代和具有延展性五个标准来着手（如表 8.1 所示）。

有价值意味着企业能通过利用其外部环境中的机会或消除外部环境中的威胁来创造价值，形成和实施能创造特定客户价值或客户感知价值的战略。

稀少和独特意味着企业拥有的构成核心竞争力的资源和能力在竞争对手中是差异化的、稀缺的和非普遍存在的。

而难以模仿则强调，不同的企业有其不同的成长路径，能不断积累反映其独特历史的能力和资源；同时，这些能力和资源形成的原因与具体在企业中的运用是比较模糊的，其中许多也是复杂的社会现象和社会资源的产物，包括企业长久形成的公众关系、声誉等，都是竞争对手难以清晰辨别并加以模仿的。

不可替代指企业拥有其他竞争对手所不具有的战略对等资源，资源和能力越不可替代，而且越不可见，竞争对手就越难以超越企业现有的竞争优势和地位。

资源和能力的延展性要求其能拓展到企业其他产品和服务中，形成资源和能力的规模经济效应。

组织文化实际上是指导企业及其员工的一种价值理念，这种价值理念体现在每个员工的意识上，最终就成为指导员工行为的一种思想。因而，组织文化最终作为企业的灵魂所而存在（张石森，2013k）。当前越来越多的企业已认识到组织文化的重要作用，一个企业凝聚力来自于企业文化，没有一套成功的企业文化，企业的生命力是有限的，企业的核心竞争力也是受局限的。

中联物流公司能在短短几年中取得超越竞争对手的成就，同公司创业者对企业文化重要性的认识是分不开的。实践证明，持续的企业文化建设，是中联物流公司核心竞争力创立和发展的基石。

表 8.1 记录的是 2003 年 6 月 21 日，在中联物流成立初期就由总经理向董事会提出的关于确立公司组织文化的方案。

表 8.1　中联物流公司组织文化方案

一、提出一个明确的奋斗目标的理由
要敢于提出将中联物流公司建成国内一流的汽车物流企业的目标。口号是“为将中联物流建设成一流的企业而努力奋斗”主要理由：
1. 有中国汽车工业和江铃汽车集团高速发展的前提和机遇
2. 江铃汽车集团有外包第三方物流的意识，中联物流公司有与江铃集团良好的关系背景
3. 有同江铃集团共享的 QAD 系统，有独创的手机移动控制货运系统，能比过去的江铃集团及国内同行做得更好
4. 有运用现代信息技术推进自身企业发展的意识，有懂现代企业管理的人才和通信技术手段及在这一过程的实践经验
5. 有中经通讯公司发展北京、上海、广州、香港等地业务的经验和基础，快速切入与其他物流企业的联系，并迅速实现与对方信息系统接轨，抢占先机

续表

一、提出一个明确的奋斗目标的理由
6. 有一支实践证明比过去江铃干得更好的骨干和员工队伍
敢于提出“将中联物流公司建成国内一流汽车物流企业”的目标，一方面可以显示出领导层的决心，同时给予职工队伍信心，也有利于吸引人才。另一方面在建设一流汽车物流企业目标的前提下，对职工队伍的管理教育按高标准、严要求、科学管理师出有名，可更好地推动企业各项工作的开展
二、提出教育全体员工树立的几种意识
1. 树立必须加快发展的意识。中国汽车工业和江铃汽车集团在高速发展，要树立起物流应比整车工业更先行一步，中联物流公司又要比其他汽车物流企业先行一步的加快发展意识，这样才能实现创一流企业的奋斗目标
2. 树立起的优质服务的意识。中联物流公司是一个服务性企业，对外，是为江铃汽车集团服务，同时又是为一级、二级经销商和最终用户服务的。对内，各部门也有完善流程、创新流程、对流程再造，相互服务的过程。只有当干部员工优质服务、主动服务的意识树立起来了，才能提升中联物流的高质量的服务工作水平，使管理工作迈上更高的台阶
3. 树立起学习型组织的意识。当今世界物流企业从理论上到实践都有了很大的提高。国内物流企业与国外先进企业相比差距很大。要立志成为一流企业，有许多知识要我们去学习，如如何对供应链进行有效的管理，如何利用信息技术实现物流和信息流的有效结合，如何实现流程再造，实现管理创新提高效率，如何做好本职工作和科学管理等。所有这些都要通过对干部员工不断的培训学习。树立起学习和培训要不断贯穿于企业发展和壮大之中意识，形成学习型组织和学习型员工，才能跟得上企业的发展步伐
4. 树立企业内部运作准则的意识。以提供一流服务为标准，确立内部运作行为准则，作为指导全体员工开展工作的行动指南，确保在思想上、组织上、行动上达到高度一致。①各级领导为下属服务，围绕配送及时性和准确性，及时发现问题，解决问题，处理问题；②各部门之间主动服务、相互服务，减少扯皮、提高效率；③各部门及时为“物流一线”服务，准确无误地保障供应链上下游的无缝连接；④全体员工树立起优质服务观念，为创造“中联物流”的优质品牌努力奋斗
5. 创造中联物流核心竞争力的意识。让员工意识核心竞争力是在企业内部经过整合了的知识和技能，它具有使一项或多项业务达到竞争领域一流水平，具有明显优势的能力，是企业独特拥有的，使企业在市场上长期具有竞争优势的内在能力资源

从中联物流公司培育企业文化的全过程来看，它不是唱歌跳舞、春游，

也不是浅层次的文体活动让员工高兴，更不是用一些文字、网站、简介等堆砌的东西。提出把中联物流公司建立成为一流物流企业的口号，起到了凝聚作用，如同一根纽带把职工和企业的追求紧紧联系在一起，使每个职工产生归属感和荣誉感。

要求牢固树立优质服务的意识和学习型组织及学习型个人意识，起到了激励作用。作为一个新进入汽车生产领域的民营企业，绝大多数员工没有工作实践经验。中联物流公司领导把认识汽车生产企业运作、理解现代物流理念、熟练本职岗位业务作为提升企业能力的重要工作来抓，在短期内强化学习。

中联物流公司提倡的“公司内部运作准则”，是一种示范的协调机制，形成了一种无形的心理契约与核心价值观，使公司员工之间、上下级之间、部门之间形成了共同的价值观念，增强了相互之间的信任、交流和沟通，使企业的各项活动更加协调。总之，潜移默化的企业文化，形成一种群体道德规范和行为准则，实现外部约束和自我约束的统一。

中联物流公司围绕提升核心竞争力所建立企业文化也塑造了良好的企业形象。良好的经营状况和高尚的精神风貌，为中联物流公司形成了巨大的无形资产。

虽说没有文化的企业也可以成长，但没有文化的企业却难以实现可持续发展。企业文化不解决企业赢利不赢利的问题，组织文化只解决企业核心竞争力是否持续的问题。从这个意义上说，中联物流公司能否成为一流的第三方汽车物流企业，成为长寿公司，这与企业文化建设密切相关。

第三节　本章小结

本章研究认为，第三方汽车物流企业核心竞争力的缺失主要反映在：第三方汽车物流企业目标市场障碍、第三方汽车物流企业自身不足等两个方面。针对所存在的问题，本章从培育核心竞争力战略的制定，核心竞争力提升的步骤方面进行论述，提出创新能力提升、培养专业人员、以市场为导向，以及建立企业文化等观点。为第三方汽车物流企业提供新观念、新技术和新方法。

第九章　第三方汽车物流核心竞争力理论应用

核心竞争力具有很强的特性，对影响核心能力成长因素的分析应该个案化（吴价宝，2016）。本章是关于企业核心竞争力理论在第三方汽车物流企业实际应用分析，可以反映核心竞争力理论在第三方汽车物流企业的实际应用的效果，为企业更好地实施核心竞争力战略提供启示。

第一节　中联物流公司核心竞争力构建模式分析

中联物流公司成立于 2002 年 9 月，注册资本为 200 万元，属股份制企业，业务定位为汽车生产企业提供第三方物流服务。

2003 年 1 月 1 日，该公司取得了江铃汽车集团商品车销售物流的独家经营权；2004 年 5 月，开始涉足江铃汽车集团零部件供应物流业务；2004 年 9 月，兼并收购了湖南长丰汽车集团下属物流公司的 800 万元的资产，承包长丰汽车集团汽车物流业务；2005 年 5 月，通过竞标取得了昌河汽车集团九江生产基地经济型轿车物流业务。

2006 年，中联物流公司的营业额为 2 亿多元，成为跨地区为多家汽车生产企业提供物流服务的大型汽车物流企业。

是什么因素使得中联物流公司能在短短几年中有这么大的发展？核心竞争力模式是如何建立的？本章将本书从以下几个方面进行分析。

一、学习现代物流理念是构建核心竞争力的基础

现代物流理念不同于传统的物资配送，它是指将采购与分销即上游和下游两个为生产服务的供应链连接在一起，形成现代物流供应链，使生产与销售、物资配送与物资管理形成一个不可分割的统一体，使“物”的流动在整个供应链环节中，变得成本最小，效率最高。

中国汽车工业和销售市场持续兴旺，江铃汽车集团的年产量也以每年20%的速度递增，汽车产量的不断增长，使资金占用、零部件库存、商品车发运等供应链环节的仓储、运输、管理成本等急剧膨胀，物流成为制约江铃汽车集团的瓶颈，为消除物流瓶颈的制约，江铃汽车集团在不断地追加投入。

中联物流公司对应现代物流理念，提出江铃汽车集团在物流运作中存在的问题如下。

问题一：江铃汽车集团现行供应链管理模式，把物流看作厂内生产管理的一部分，站在汽车生产组织的角度，把完成生产任务作为首要出发点和考核标准。这种陈旧的自营物流模式，随产能的增加必须不断地投入相应人力和物力。

问题二：江铃汽车集团在自营物流的体制下，并没有把产供销环节移动物资看作资源加以充分利用。

问题三：江铃集团将最优秀的人才和流动资金，都用于生产、研发和销售等部门，对物流部门缺乏应有的重视。

问题四：江铃汽车集团没用采用第三方物流模式。运用社会资源，利用社会人力、物力、资金，以及技术全方位改革现有物流模式。

中联物流作为江铃汽车集团的第三方汽车物流企业与江铃集团现行供应链管理模式的差别在于以下五点。

第一，对供应链物流管理的理念方面的差别。江铃汽车集团对供应链管

理模式是传统的储运为主的封闭自我式的服务理念和守株待兔的陈旧做法。而中联物流公司依托江铃汽车集团的物流资源作为经营手段，走向市场，参与竞争，以增加客户利益价值为目的，盘活手中所掌握的物流资源。

第二，对所获得的物流管理权限应用方面的差别。江铃汽车集团现行自营物流是传统储运的目的，向本企业供应源材料和发送商品。而 中联物流的最终目的是汽车生产企业物流运作和最终消费者需求的满足，并可开展增值业务。

第三，对企业源动力方面差别。江铃汽车集团是由于生产的需要而形成零部件和商品车的传统储运。而中联物流经营的源动力来源于市场需求的拉动，即由客户需求开始，通过物流大系统各环节的信息传递，采用供应链物流环节的优化整合，提升效率，达到提升客户价值和自身利益的目的。

第四，对供应链管理主要方式方面的差别。现行的江铃汽车集团物流是传统储运的功能，只局限于商品的收货入库、储存保管、搬运装卸和发货。而通过对信息系统的投入，将商品车发运、装卸、运输、保管、零部件物流加工、配送等环节，进行有机整合统筹运作。

第五，对物流管理运作的连续性方面的差别。江铃汽车集团现行的运作方式是传统储运，它是孤立和不连续的。而中联物流公司将与社会拥有可互利资源的物流企业进行有机的联系，形成动态战略联盟。

中联物流公司运用所掌握的先进理念，找出目标客户薄弱环节，提出切实可行的物流解决方案，成功切入了汽车生产物流领域的大门。掌握运用现代物流理念，给中联物流构建核心竞争力奠定了基础和产生实际的作用。

首先，以先进的现代物流理念作指导，统一了中联物流投资方和江铃汽车集团领导的思想和认识，为成功切入汽车产业物流领域的必要条件。

其次，为中联物流整合汽车生产供应链物流管理提供了科学的依据。

再次，实施了以信息技术投入为先导的管理战略。信息技术成功应用于汽车生产企业物流服务，提升了客户利益价值，推动了江铃汽车集团供应链管理的变革，表现出中联物流公司在资源整合过程中的优势。

最后，完成了资源整合、信息共享、客户参与公司管理、建立集运中心和干线运输、物流金融服务等多种创新活动，并以此与多家汽车生产企业建立起新型的合作关系，为中联物流核心竞争力的构建打下了坚实的基础。

中联物流公司承包江铃汽车集团物流业务后，走了一条与江铃汽车集团完全不同的第三方物流运作模式，取得了比江铃汽车集团自行经营物流更好的效果，在提升自身竞争能力同时，打开了为汽车生产企业提供专业化服务的大门。

二、利用信息技术提升企业竞争力

中联物流公司接管江铃汽车集团商品车销售物流业务后，继承了原体制下的业务范围、组织机构、管理模式、处理流程，以及人员与场地等基础设施，如果不从业务范围、组织机构、管理模式上重新整合的话，实质上依然是江铃汽车集团的附属企业。从短期来说，企业可以获得稳定的业务。但从长期来看，企业则缺少了创新、自主、拓展新市场的能力。另外，第三方汽车物流企业服务于汽车生产企业最大的风险是对预期的不确定性，因为签订几年服务合同的权限在汽车生产企业，而第三方物流企业为了这几年的服务合同，却要投入大量的资金用于仓库和运输工具等基础设施的建设。

中联物流公司的决策层认识到除提供优质、高效的服务外，现代信息技术的应用可以提高物流运作的透明度，虽然江铃汽车集团将物流外包给了中联物流公司，但其通过计算机网络随时可以监控到中联物流公司的运作情况，同时还可以提高信息沟通和财务结算的能力，这种贯穿于双方生产、供应、销售、结算的纽带越紧密，双方的利益越趋于一致。这不仅有利于，形成长期的战略合作伙伴，还有利于提升中联物流公司的核心竞争力。

中联物流公司建立高效信息化平台包括以下三个步骤：

第一步是信息化建设放在实现内部网络系统，建立起一个独立于江铃汽车集团的商品车发车管理信息系统。

第二步是建立供应物流的仓储配送中心信息管理系统，全面开展汽车零部件供应的运输、仓储、配送业务提供保障。

第三步是建立汽车行业第四方物流信息平台，借助这一平台建成立起与合作伙伴的信息共享系统，在资源整合、资金结算等方面提高快速反应的能力。

中联物流公司的综合管理信息系统平台主要包括：发车管理子系统、仓储管理子系统、决策分析子系统、商品车运输操作子系统、信息发布子系统、接口管理子系统等主要子系统，为中联物流公司提供从发车、仓储、质量跟踪、决策、结算、信息发布为一体的综合性管理系统。

发车管理子系统作为系统的核心子系统，完成从订单受理到回单确认等一系列功能。它的主要功能包括：订单处理、发车管理、办证管理、安全监督、质量保证、核算等七个模块，主要使用的部门包括调度室、发车室、办证室、安全科、核算室、质管（维修）及公司管理层的监控评价等。

发车子系统具有下列功能：

其一，当接到从江铃集团传来的商品车发运单时，系统自动接受发运单受理。

其二，按人工运输司机和大型运输平板车的运输技能和运输能力线路的预先设置，选择运输司机和运输车辆。

其三，自动打印商品车运输提单，并通过电子大屏幕和手机短信功能，将信息发布。

其四，司机接到提货单后，个人手机位置跟踪系统自动开启，全程跟踪离开本地的时间和行驶的线路，提高了质量管理手段和水平。

其五，将过去的全人工调度处理改为计算机调度处理，改变了长期依靠手工操作的重复劳动，也解决了过去难以做到的公平、公正发车的老大难问题。

其六，商品车发运费用结算时间大幅度提高，单价的调整、发运的公里数、运输费用在发货单发出时已完成费用的运算，可及时与江铃汽车集团财务部门进行结算。

其七，通过发车管理信息系统的应用，使公司的部门之间运转效率得到很大提高，各类报表随时生成，从而提高了决策能力和决策速度。

其八，江铃汽车集团各相关主管部门也能够随时查看中联物流商品车发运情况，及时掌握质量动态。

最后，可以作为联盟内企业大型运输车协作单位共同使用的信息系统平台，作为统一调度、统一结算的平台。

图 9.1 为中联物流信息系统与江铃汽车集团系统互联运作说明图。

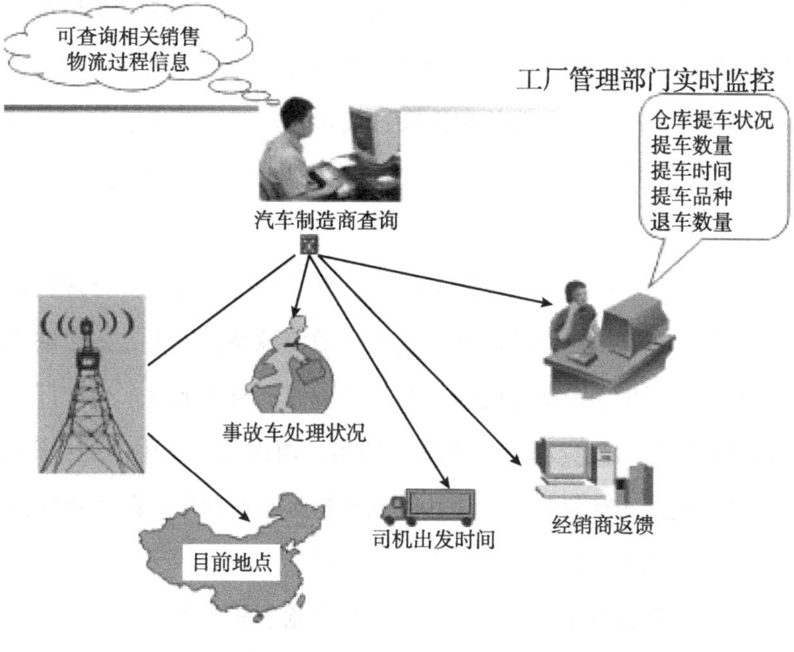

图 9.1 汽车生产企业运用物流企业提供的系统运作图

通过相应接口与江铃汽车集团的 QAD 生产管理系统互联，各数据得到了有机结合，这样既可以减少系统的建设的重复投资，又可以减轻信息的重复采集。

现在江铃汽车集团相关管理人员只需坐在办公室，就可以知道商品车出库的时间、数量，运往哪个地区和经销商，还可以知道商品车运输途中的质量，商品车出现故障后的维修时间和过程，随时掌控商品车发送的各类信息。

中联物流对信息系统的投入，成了整合江铃汽车集团内部和社会资源的重要工具，除满足自身管理需求外，还将信息流延伸到客户端，与客户紧紧捆在一起，形成了一种新型的血缘关系、相互依存，有效防范了竞争对手的进入，依靠信息技术的投入提高了自身的竞争力。

三、专用运输设备资源整合提升竞争力

如果江铃汽车集团产量为 6 万辆，有约 40%、2.4 万辆的商品车需要用大型平板运输车向全国发送，如果全部要用自有的运输车辆完成运输，需要拥有 100 多辆专用车，如果要投资购买这类运输车辆，以每辆 30 万元计算，需要 3000 多万元的资金，这对于刚进入汽车物流行业的中联物流公司来说，是非常大的一笔投入。

中联物流认为大投入买入专用运输车辆既不经济，又不符合现代物流的理念，可以从汽车物流行业商品车运输工具的资源整合着手，虽然缺乏运输工具，但是可以利用手中掌握的商品车物流资源，与其他汽车生产厂商的物流企业达成商品车物流资源互换协议，利用江西南昌位于中国的中部地区，运输车辆易于经过的有利条件，让其他汽车物流企业利用商品车运输的回程车辆，为中联物流运送江铃汽车集团的商品车。

中联物流以整合商品车运输工具资源提升竞争能力主要体现在以下三个方面：

第一，汽车物流企业之间的资源整合有利于实现合理分工，发挥专长，实现优势互补。中联物流以总承包方式获得了江铃汽车集团的商品资源，与那些拥有运输工具而没有物流资源企业合作，能够帮助中联物流突出自己的核心业务和核心竞争力，真正取得 1+1>2 的效果。

第二，中联物流在商品车物流采用资源整合方式，有利于发挥自身拥有的物流资源和管理上的优势，最大限度降低运作成本，提高企业经济效益。

第三，中联物流着重于商品车运输工具的资源整合，避免重复投入商品车运输车辆的购置，有利于根据企业发展战略和市场需求对有关零部件运输、仓储配送等资源优化配置，腾出资金和管理精力寻求资源配置与客户需求的最佳结合点。

目前中联物流分别与上海安吉、广州本田、长春长久、沈阳枢纽等十多家企业签订商品车运输与商品车资源互换协议，这些企业富余车辆和路过江西南昌的车辆，听从中联物流公司的调度指挥，同时利用手中的资源再与社会 60 辆个体大型运输车辆商以联盟形式签订协议，让他们在运送江铃商品车回程时就近为其他汽车生产商将商品车运往南昌附近地区。通过这样一系列的运作，虽然中联物流公司手中并没有运输车辆，但实际上拥有了可调度控制的车辆近 800 辆，利用了社会富余的商品车运输资源，降低了运输费用，节省了购买运输车辆的资金和管理成本。

中联物流通过资源整合实现成效益最大化，同时又进一步地提高了企业的核心竞争能力，经过不同阶段和不同业务的物流资源整合，中联物流的核心竞争能力进一步凸显，在开展商品车物流资源的整合后，派生出更多的核心业务产品，为零部件运输、零部件仓储配送的物流整合奠定了基础。

中联物流核心竞争能力的启动和更新离不开中联物流本身资源和外界资源的统一和整合，离开了资源整合，就谈不上形成和发展核心竞争能力。中联物流核心竞争能力的识别过程和发现培育实际上就是资源整合的过程，从而更好地认清企业的优势、劣势、机遇和威胁，进一步提升企业的竞争能力。

中联物流资源整合的主要过程如下。

其一，发现自身的核心竞争能力。通过对商品车运输工具及其他物流环节的资源整合，发现企业的核心竞争能力是在对汽车物流资源的获取，并在管理者和员工中形成共识。

其二，构筑企业核心竞争能力。对汽车物流资源的资源整合过程，进一步认清自己的优势和劣势以及机遇与挑战，构筑在当前形势下企业的核心竞争能力，如依托信息技术加强对汽车物流管理能力或规划能力的提升，将零部件实物流运作能力放在最次要地位，并制定以供应链管理为目标的发展规划。

其三，通过资源整合强化自身核心竞争能力。在认清获得物流资源、物流管理和规划是自己的核心竞争能力之后，不断地强化这种核心竞争能力，在具体的业务上进一步体现企业核心竞争能力，以提高竞争者进入的门槛。

中联物流基于核心竞争能力的资源整合的主要原则是物流整合的要素目标和物流整合的成本目标有机统一，即在一定的物流资源整合成本情况下，物流整合的要素目标效益最大化。

四、并购整合规模扩充构建核心竞争力

江铃汽车集团率先引入第三方物流服务，并取得成功，在业内产生了一定的影响。中联物流公司自己研发的商品车自动发车系统成功上线后，提升了商品车运输车辆资源调配、指挥和费用结算的能力。

中联物流抓住有利时机，同汽车生产管理体制、生产车型较为相似的湖南长丰汽车集团商谈，提供相近的服务。

湖南长丰汽车集团有限公司的汽车生产分布在湖南永州冷水滩生产基地

和湖南长沙经济开发区生产基地，两个生产基地之间相距300多千米，物流组织运作复杂。按第三方物流模式组建的长丰汽车物流公司，一直处于亏损状况。为了集中精力发展汽车生产，盘活资产，长丰汽车集团有出售下属物流公司的想法。

2004年9月中联物流公司与湖南长丰汽车集团初步达成协议，投资1000多万元购买湖南长丰汽车物流公司资产，物流业务由中联物流公司承担。

收购长丰汽车集团物流公司后，中联物流将长丰汽车商品车运输纳入整体的思路设计解决方案，收购过来的60辆大型商品车运输车辆不只为长丰汽车集团服务，更主要是融入中联物流的商品车运输资源网络体系，利用已建成的信息系统平台，统一指挥和调度，让资产发挥最大效益。

中联物流凭借管理江铃汽车、湖南长丰汽车两家汽车集团的成功经历，又获得了昌河汽车集团九江汽车生产基地的物流服务权，成了中国为数不多由一家企业同时管理三家汽车集团及下属七个汽车生产厂的企业。

中联物流依托现代物流理念、利用专业技能人才、信息技术优势、专业化服务能力和管理能力等方面的优势，快速将成功模式与经验复制推广，通过并购整合快速增强自身核心竞争力。

五、建立末段集运中心和干线运输，提升竞争力

汽车生产过程中对生产成本的控制最有效的办法，就是采用减少零部件库存和推行直接将零部件配送生产线的措施。

中联物流通过调查，发现：400多家供应商中有近60%的零部件是在上海、浙江、江苏等地区生产加工，零部件供应商向汽车生产企业供货有些是采用自己的送货车辆，有些是委托第三方运输，形成了供应零部件的服务单位多达100多家。由江铃汽车集团推行减少零部件库存的管理方式，将增加零部件生产商从生产地到汽车生产企业的运输批次，也增加了参与运输的专

业公司提货批次和运输批次的成本。

中联物流经分析后认为，既要追求优质服务又要不断降低运作成本，只有依靠整体的、规模化的经营方式使现有零部件运输方式改变。如果采用集中式的、规模化的零部件物流组织和管理模式，可以更快捷、更省钱，更符合向客户提供更多的增值服务要求。采用建立汽车零部件末端集运中心和运输干线方法，可有效降低成本和提升竞争力。

汽车零部件末端集运中心是指将过去汽车零部件商品的交货地由汽车生产企业的所在地改为零部件生产商的就近地，就近向零部件集运地交货，有利于零部件生产商多批次、小批量交货，减少运输路程。而干线运输则是建立在集运地与各汽车生产企业之间的专线，干线运输有利于集中性和规模作业，可将各类部件积少成多，提高车辆负载能力。

中联物流在上海建立了零部件末端集运中心，让江苏、浙江、上海一带的汽车零部件生产厂商通过短途运输，先送到上海的仓库，中联物流公司再集中起来统一筹划物流线路，为江铃汽车、湖南长丰汽车、九江汽车基地三家企业组织统一配送。由于形成了量的规模，一些专业运输商都乐于合作，运输的成本费用比过去单独为一家汽车生产企业配送，无论从批次上到运输的价格上都合算。开展从零部件生产基地到汽车生产厂家的末端集运物流服务，并形成了经济规模的运输干线，给中联物流公司开拓了新的市场和利润空间。

图 9.2 为中联物流公司上海末段集运中心示意图。

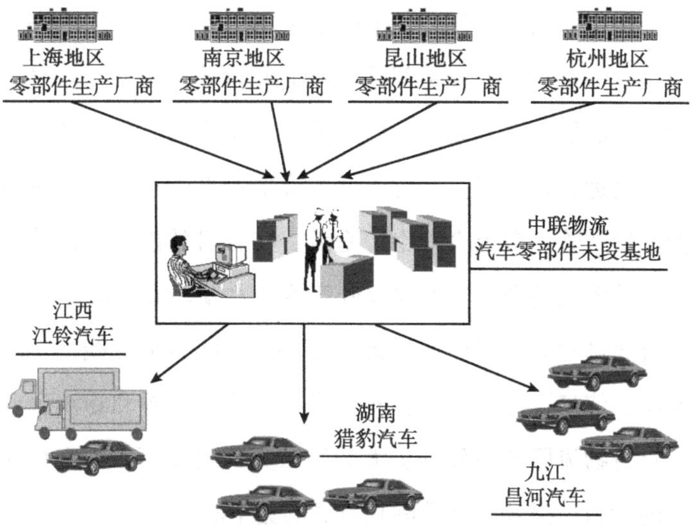

图 9.2　中联物流上海末段集运中心示意图

中联物流运用建立零部件末端集运中心和干线运输专线，对于提升自身竞争力有多方面的影响：

首先，建立末端集运中心和干线运输，体现出零部件供应的规模化、专业化。只有建立起相应规模，才能体现出专业化服务能力，才能使基础设施成为高周转和综合利用，增加客户利益价值。同时，也为投资所带来新的、稳定的收益。

其次，把分散的零部件生产企业、运输企业的资源加以整合、改造和提升、增强中联物流增值服务功能。通过与上述企业的契约关系，利用信息化高科技手段和专业化的设备，把零部件物流活动的各环节，从点到面有机地串联起来，快速完成零部件配送过程，形成了中联物流新的竞争能力。

再次，中联物流所具备的信息技术服务能力，为开展远程业务和全程业务打下了基础。利用中联物流已深入客户供应链物流环节的信息系统及掌握了部分物流资源话语权的有利因素，通过对信息资源的有效整合，形成了从生产计划、运输计划、配送上线的统一运筹，方便了汽车生产企业对物流全程的跟踪管理，使中联物流与汽车生产企业之间相互依附程度更加紧密。

最后，中联物流通过整合零部件生产商和运输商资源，自身管理能力和服务于其他客户的能力大大提升，已形成了提供全面的供应链解决方案的供应商，其能力也远远超出第三方物流服务商的服务领域。中联物流通过团队伙伴和联盟的形式管理多个汽车生产企业，将自身的能力和最佳物流解决方案结合起来，是依托整合物流资源提升竞争能力最有效的方式。

中联物流通过建立零部件末端集运中心和干线运输专线，实现了物流资源、运输资源、信息资源的共享，利用客户的物流资源和物流企业的服务资源，增加了自身物流服务品种，扩大物流服务的覆盖面，为客户提高了一体化物流服务的能力，提升市场份额和自身的竞争能力。

六、利用过渡性资源开拓金融业务增值服务

本书所指过渡性资源是指第三方汽车物流企业在为零部件供应商或汽车生产企业提供仓储服务时，仓库中长期存有一定的货物量及保证供应的货物周转量。这些货物本身是物流资源且具有一定的价值。

中联物流由于掌握着三个汽车生产企业的仓储配送，与供应链上游零部件生产厂和银行金融机构可联合起来，为资金需求方企业提供融资。这样对三方都有利益。

中联物流通过为汽车生产企业运输、配送量大、价值高、易于保管的汽车零部件业务，深入汽车生产商供应链上游供应商环节，通过金融业务模式，提高客户价值利益。

图 9.3 是中联物流以汽车轮胎仓储保管和配送的过渡性资源，开展金融业务服务的示意图。

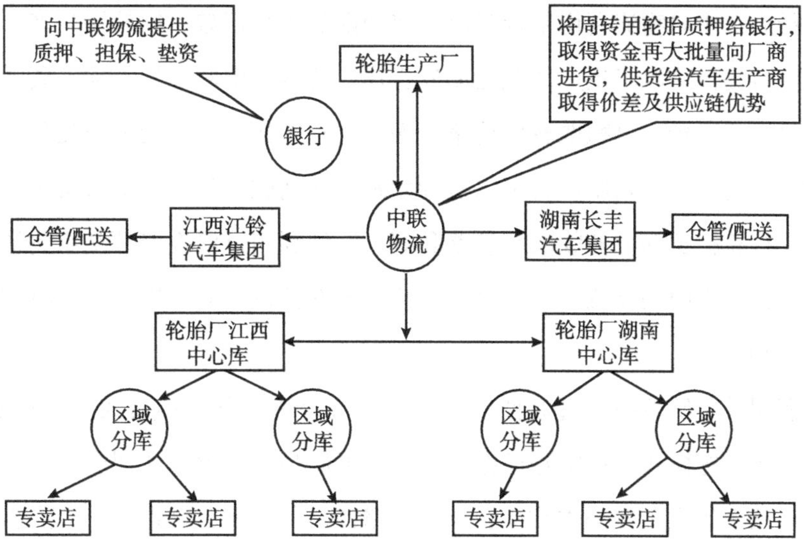

图 9.3　中联物流利用过渡性资源开展金融业务示意图

由于中联物流自身实力等原因还没有与金融机构建立互信的关系，所以银行记录中对于他们的信誉等级无法评估。但是，可以通过为汽车生产厂商提供库存管理和配送管理的机会，来掌握库存的变动和客户的信息，在融资活动中处于特殊的地位。以轮胎为例，由于对汽车生产厂家的轮胎需求、数量、库存轮胎的规格型号、质量、原价和净值、销售区域、经销商等情况都非常了解。由物流公司作为担保方进行操作，进行仓单质押业务是中联物流公司业务上的创新。

首先，由中联物流同汽车生产企业达成协议，由中联物流代为汽车生产企业下达轮胎供应计划，从下单、运输、仓储、轮胎加工、配送到生产线由中联物流完成。同时，确定轮胎的物权归中联物流所有，汽车生产企业不再同轮胎生产商结算，改为按实际用量与中联物流结算，前提是汽车生产商需给予一个月的结算周期。

其次，中联物流将汽车生产企业商用于周转用库存轮胎的价值，质押给银行（加上自有资金的 30%），银行可以按实际库存轮胎价值开出承兑汇票。

最后，中联物流利用银行开出一定期限的承兑汇票，向轮胎生产厂购买轮胎，再提供给汽车生产商及轮胎专卖店。这样，中联物流方面订货量有很大价格上的优势，可赚取轮胎价格差额、利息差额，以及为客户提供价值利益获得长期服务。轮胎厂也可以有计划地、按期收到货款，解决资金不足问题。银行获得长期业务收取利息差利润。这种利用过渡性资源从事物流金融的方式，对于中联物流、汽车生产企业、零部件供应商、银行金融机构等四方都有利。

利用手中所掌握的过渡性资源开展物流金融服务运作模式主要有质押、担保、垫资等模式，在实际运作过程中，可能是多种模式的混合。汽车物流企业所从事的汽车零部件物流，由于价格高、数量多，周期长，开展物流金融业务比较有利。

利用过渡性资源开展物流金融业务，是第三方汽车物流自身获取新的竞争优势的需要。现代物流强调供应链管理和供应链环节的整合，利用过渡性资源开展物流金融业务使得中联物流得以控制全程供应链，保证特殊产品的运输、仓储、配送等服务质量，以同供应链上下游企业提供金融服务为链条长期服务于客户。

中联物流利用过渡性资源创新物流金融业务，通过将物流管理从物的处理提升到物的附加值方案管理，可以为客户提供金融融资的物流供应商，在客户心中的地位会大幅度提高，将有助于形成中联物流竞争优势。

七、独特的组织文化构建核心竞争力

组织文化实际上是指导企业及其员工的一种价值理念，这种价值理念体现在每个员工的意识上，最终就成为指导员工行为的一种思想，因而组织文化最终作为企业的灵魂所而存在（张石森，2013）。当前越来越多的企业已认识到组织文化的重要作用，一个企业的动力及凝聚力来自于企业的文化，没有一套成功的组织文化，企业的生命力是有限的，企业的核心竞争力也是受局限的。

中联物流在成立初期就确立为适应竞争而建立自己的组织文化。实践证明，持续围绕“奋斗目标、树立四种意识、内部运作四项行为准则”为主要内容的组织文化建设，是核心竞争力构建和企业不断发展的基石。

第二节　安达物流技术创新赢得竞争优势

一个企业要培育与提升自己的核心竞争力，必须拥有自己的核心技术。核心技术可以说是核心竞争力的核心。普拉哈拉与哈默尔认为核心能力是组织中的积累性学识，特别是关于如何协调的生产技能和有机结合多种技术流派的学识。除了定义中的积累学识外，重要的就是生产技能的协调和多种技术流派的有机结合，技能与技术起到了举足轻重的作用。

企业只有在核心技术和产品上具有长期积累的特殊能力，才能不断扩展，形成企业的核心竞争力。而企业的核心技术和核心产品都离不开技术创新。天津安达物流有限公司（以下简称“安达物流”）十多年来经久不衰，关键的一点便是其通过持续的研究开发，创造和更新核心技术，打造核心产品，并能保证核心产品的更新换代。

安达物流是为天津汽车集团提供第三方物流服务的一家民营企业，2005年，天津安达物流有限公司营业额约为2亿元，创利税1800万元，2004年被中国交通运输协会评为中国百强物流企业和中国民营物流企业30强。

20世纪90年代初期商品车的运输方式全部是司机自驾送货，当时为天津汽车集团运输商品车的运输车队就有四五十家，安达物流也只是其中之一。由于司机自驾送车严重影响了商品车磨合期的保养规定，路上行驶容易出现交通事故和车辆外观的损伤，用户反映越来越大。1992年，安达物流研发出用东风半挂车改装的双层运输车，同时可以装载 6 辆轿车。这种在国内首创的运输模式得到了客户的高度认可，1995 年成为天津汽车集团的整车物流独家总承包商。

1995 年以后，安达物流商品车运输模式纷纷被其他运输公司采用，双层运输车被仿制及得到普及使用，这时候，安达物流将简易运输车逐步淘汰，引进法国技术生产出先进的液压升降专用轿车运输车，先进的运输设备和自有车辆的规模，使安达物流巩固了在国内汽车生产同行业中的地位。

2000 年以来，随着汽车市场竞争的日趋激烈，汽车物流公司的运费价格一降再降，利润空间越来越小，有的甚至出现亏损。面对新的形势，安达物流再一次提出要不断创新，将全部运输辆车装备了 GPS 追踪定位系统，对每一辆运行的商品车运输车辆进行实时的监控，保证了交货期和运输过程的质量控制，进一步提升了安达物流整体管理和服务水平，达到了降低运输成本的最终目的。

安达物流能长期在汽车物流行业保持竞争优势，主要是保持创新和不断创新的竞争优势。

不断创新的发展战略是安达物流实现快速稳定发展的动力。在运输企业都用人工运送商品车的方式时，安达物流却率先发明用简易双层大型平板运输车运送商品车，从众多的送车企业中脱颖而出。当别人模仿生产出双层运输平板车后，安达却与法国合作，生产出液压系统的双层运输平板车，并形成专用商品车运输生产厂向全国同行业进行销售，当同行也拥有先进的运输工具时，安达物流已经向能提升服务质量的物流信息技术迈进，并以此建成立起自身的核心竞争力。

安达物流技术创新是培育和提升核心竞争力的重要支撑，通过技术革新保持了其核心竞争能力。随着安达物流率先发明及使用的商品车运输模式的普及，安达物流的核心技术已演化为一般技术，安达物流只有不断进行技术革新，促进运输车辆的更新换代和产品创新，加速新技术、新材料和新工艺的应用，开发出成本低、有较高使用价值的液压运输车和 GPS 定位跟踪车辆的新产品，创造出消费者对该类产品的新需求，才能保持其竞争能力。如果缺乏技术创新能力，安达物流就不可避免地陷入产品结构雷同、竞争乏术的境地，甚至遭到市场的淘汰。

安达物流的成长是着眼于核心能力的培育，立足于技术和产品的创新，维持企业核心技术的垄断性，以确保企业在市场竞争中的优势地位和竞争能力。

第三节　中信物流战略创新形成核心竞争力

战略的适应能力和战略制胜是企业获得持续、健康、长久发展的核心竞争力的保证。中信物流从 1996 年才开始发展汽车物流业务，目前已把业务的触角伸入一汽大众、天津丰田、郑州日产、北京现代、北汽福田、神龙汽车、广州本田、海南马自达等多家汽车生产企业，中信物流成功提升市场占有率，就在于把战略管理和战略创新放在企业发展的重要位置。

一是品牌化发展战略创新。品牌拓展对任何企业都具有同等重要的作用，中信物流善于利用中信集团的品牌效应发展自己客户，因为汽车物流市场的一切因素都是变化的，汽车产量的变化，汽车生产企业的变化，运输线路和地点的变化，使中信物流更要注重品牌塑造。为迅速拓展市场所进行品牌化发展战略，从员工的品牌知识、理念、行为导向方面，从统一的运输车辆标识方面，有针对性地向汽车生产企业进行品牌宣传和品牌形象推销，将自身打造成高速度、高质量的品牌形象，使得与汽车生产企业建立商品车运输合作关系较为顺利。

二是市场拓展战略创新。1998 年，中信物流提出“全国网络化物流经营”战略，其战略目标定位于在中国主要汽车生产与销售区域建设自己的物流网络系统，依靠整体网络整体优势提升商品车的运输能力，通过规模化动作降低商品车物流成本，达到获取汽车生产企业的业务订单，为达到上述目标主要采取了以下三项措施：

其一，加强商品车销售物流物理网络的建设。在汽车生产基地北京、郑州、广州、芜湖、长春、重庆、天津设立分公司，为所在地的汽车生产企业提供商品车运输业务。在沈阳、上海、南京、临海、东莞、永州、柳州、成都、武汉、福州成立办事机构，对这些地区的商品车的中转仓库管理、水路联运商品车、与合作单位的商品车资源互换等管理，通过在中国各主要汽车生产与销售基地建立自己的运输网络干线，对商品车的运输车辆与商品车的运输数量资源进行有效调控，有效地降低了运输车辆的空载率、实现提高运输车辆的利用率。

其二，加强与国际先进物流企业的协作与交流。中信物流与日本物流企业组建的合资公司，目的是引进并吸收先进管理经验和手段，提高综合物流管理能力。

其三，延伸商品车整车物流服务内涵，通过城市配送、区域配送、仓储等方式实现汽车零部件、整车物流并举。目前拥有北京、广州、重庆、西安、上海五个大型零部件及整车仓库，以及北京、广州、上海地区的城市配送项目。

中信物流的战略创新已起到了预期的收获。汽车整车需要用大型平板运输车辆将近300万辆，从事汽车整车物流的运输企业却有400多家，而其中有近一半企业尤其是中小企业出现不同程度的亏损，能够赢利的大中型企业也面临着利润急剧下滑之局面。而中信物流公司却得益于早前制定实施的建设自己物流网络系统战略，经受了商品车物流市场新的变化。

从2002年开始，全国各地汽车生产企业在产销规模急剧扩大，汽车物流需求也随之迅猛提升，然而汽车降价势头更加猛烈，汽车厂商对物流成本的压价也一压再压，许多地区性运作的汽车物流企业因为缺乏网络不能提供全国性物流服务使其面临大好商机却难以捕捉。而此时，网络逐渐完善的中信物流却显示出其竞争优势。

2002年以来，中信物流凭借网络优势接连获得天津丰田、成都丰田、北京现代、郑州日产物流总承包；获得一汽大众北京城市配送项目、武汉新东风和安徽奇瑞等项目；2002年，中信物流业务量较2001年增长了96%，利润增长了84%，而2003年业务和利润则分别增长了188%和166%。

目前在中信物流已形成了50万辆商品车的运输能力，为国内18家分布在各地的汽车生产企业提供着全国性的运输服务。

第四节　第三方汽车物流企业构建核心竞争力的效果分析

汽车物流企业成功经验主要表现在以下几个方面。

第一，学习现代物流理念、经营观念与经营模式。中联物流、安达物流和中信物流等企业并不是汽车生产企业所属的物流公司，也不是从汽车生产企业剥离出来的物流企业，开始时也不掌握汽车生产企业的物流资源。然而，却能用正确现代物流的理论，改变落后的经营观念。学习能力在构建自身核心竞争力过程中形成突出的作用，如建立现代的汽车物流运营和管理模式，抓住汽车物流资源所有权与经营权分离的机遇，借鉴世界诸多成功物流企业运营管理方法和模式，结合中国汽车生产企业物流环境的特殊性和企业自身的特点等方面的经验，都是在不断学习过程中产生的。不断学习、善于学习创造出自己的核心能力，使企业走向成功。

第二，运用信息技术手段改造传统物流运作。成功的第三方汽车物流企业都是在取得了汽车生产企业物流业务订单后，即应用了信息技术对传统运作模式进行技术改造。国际上先进的物流企业一般都拥有“一流三网”（订单信息流、全球供应链资源网络、全球用户资源网络、计算机信息网络），借助信息技术整合业务流程，建立一种“效率式交易”的管理与经营模式。中国的第三方汽车物流企业在获取信息和技术应用手段等方面与国外物流企业相比，有很大的差距。但是中联物流公司选择了投资少，基本上能达到商品车运输控制管理的 GPRS 手机定位系统。同时，还将信息系统延伸到客户端，为客户增值的物流信息服务，取得了客户信任和创造了更多的物流服务需求。安达物流的“不断创新”，依靠信息化手段实现了数据的快速传递、利用 GPS 追踪定位系统优化的选择回程资源配载的调度，为企业树立了现代物流形象，同时获取了新的竞争优势。中信物流建立起全国物流网络后，全网使用信息管理系统，实现了全网车辆调度和货物跟踪的可视化。

总之，在信息技术高速发展，市场竞争日趋激烈的竞争中，只有善于利用科技手段，才能赢得客户和市场，获得生存和发展。

第三，增强整合能力，提高企业竞争实力。新兴发展起来的第三方汽车物流企业，开始运作时，资金、技术、运输工具、场地等都缺乏竞争优势，完全靠资金投入提升企业实力也不现实。中联物流公司刚接手江铃汽车集团商品车发运业务时，公司实力非常弱小。本来需要 100 多辆大型运输平板车才能完成的运输任务，在中联物流公司不具备自有车辆的情况下，充分利用同行业运输工具资源，有效地运用同行业的联盟经营、虚拟经营模式，创出了大范围整合商品车资源和运输车辆资源。这样一方面完成发运江铃汽车的业务，另一方面完成了快速积累的第一桶金。安达物流、中信物流在商品车运输运作中，也整合了行业内资源，降低了运输成本，可见第三方汽车物流企业增强供应链各环节的整合能力，以此来提升企业竞争优势是一种最直接最有效的方式。

第四，提供专业化服务，提升核心竞争力。第三方汽车物流与传统物流相比的最大区别应在于第三方物流是依据具体的客户要求，提供不同的物流服务，而传统的物流企业为社会提供的是以大规模标准化无差别的服务。中联物流公司利用自己开发的信息系统，深入到江铃汽车的计划、采购、销售、财务部门，形成信息共享，以此建成立起来的专业化、个性化服务。中信物流建立起全国性的网络后，可为客户度身定做物流运作方案，适应客户不同的需求，这些企业的专业化、个性化服务，在形成了与竞争对手相比的差异化。在提升了自己的核心能力的同时，与客户形成共同利益体，差异化的服务也形成自己新的竞争优势。

第五，培养汽车物流人才，提升企业竞争优势。中联物流公司进入江铃汽车集团时，资金少且无运输工具和场地等资源，就是依靠懂得现代信息技术、对现代物流有基本认识、懂现代管理知识的人，做出了让江铃集团领导人敢于拍板决定的一体化物流解决方案，在进入江铃集团运作后，及时从江铃集团物流部选拔优秀的干部充实队伍，发挥他们熟悉汽车生产流程、与客户良好的人脉关系、拥有汽车物流运作的经验。同时，还从北京、广州聘请有汽车生产行业从业背景，懂信息技术的优秀管理人员，让他们在信息系统建设和加强管理方面发挥作用，使企业形象迅速提升，度过了企业最困难的发展萌芽期。安达物流的不断创新，中信物流前瞻性地敢于投入巨额资金建立全国性的物流网络系统，无不是通过人才建立自己的核心竞争能力。由于这些已取得竞争优势的第三方汽车物流企业，培养出一支熟悉汽车物流运作规律、并具有开拓创新精神的人才队伍，是构建自身核心能力的必要环节。

第六，建立独特组织文化，提升核心竞争力。中联物流围绕构建核心竞争力而创新组织文化的战略目标。创建一流第三方汽车物流企业目标是在通过科学论证后提出，树立优质服务和学习型企业学习型员工意识的要求，内部运作准则的提出，规范了企业员工的价值观，为向汽车生产企业提供良好的服务、优质的服务打下了基础。组织文化的创新，必然会带来员工价值理念的创新，而这种价值理念的创新，又会推动企业制度的创新和经营战略的创新，从而提升了企业的核心竞争力。

第七，不断创新是提升核心竞争力的源动力。通过分析第三方汽车物流企业培育和提升竞争力可以发现，在市场竞争激烈环境中能取得竞争优势的企业，都是在对现代物流理念有着深刻理解的基础上，向汽车生产企业提供新的增值服务，投入信息技术的研发和应用，并购整合扩大经营规模和范围，利用系统的方法对汽车生产供应链各环节物流资源进行整合再造，用整体最优方式对客户的应用链，企业内部生产和销售链进行有效的管理，引进人才和组织文化建设等，无不是以适应汽车产业供应链管理变革的创新为基础。

根据核心竞争力的定义，核心竞争力是竞争对手无法模仿的竞争能力，是相对于竞争对手的竞争优势，它具有独特性和不可模仿性两个方面的重要特征。第三方汽车物流企业要想培育和提升企业的核心竞争力，就不可避免地要通过技术创新、经营创新、组织创新、管理创新和制度创新来达到独特性和不可模仿性的要求，最终达到核心竞争力培育和提升的目的。创新体现了核心竞争力的本质要求，第三方汽车物流企业围绕降低汽车生产企业物流成本，提升客户价值利益过程中所进行的一等系列创新的同时，也创造了自身的核心竞争能力。

第五节　本章小结

本章运用核心竞争力的理论及方法，对已取得竞争优势的第三方汽车物流企业核心竞争力创建现状进行分析，从中联物流、安达物流和中信物流等公司培育自己核心竞争力的途径和方法可以发现：这类公司所取得的成功，是在创新管理机制、技术领先优势、引进和培养管理人才、选择适合的服务对象与合作伙伴、形成供应链上战略联盟、建立先进的信息系统等独特的经营方式下取得的。

已取得竞争优势的第三方汽车物流企业，在与竞争对手的竞争中所显示出来的成本优势、技术优势，并依靠这些优势在竞争过程所突显的差异化，为汽车生产企业带来更为实惠的价值利益，也使第三方汽车物流企业获得超过同行所得的收益，并取得了竞争上的优势。

第十章　结论与展望

中国汽车工业大规模高速发展是近几年才出现的，过去由于汽车工业产业化的程度低下，汽车生产企业基本处于产供销一体化的自营物流运作模式。随中国汽车产业化程度的提高，现代物流管理理念的兴起和社会分工意识的加强，才出现了第三方汽车物流企业。本书把第三方汽车物流企业作为一个新兴的行业进行研究，在分析国内外的研究现状的基础上，本文对第三方汽车物流企业核心竞争力的表现形式、核心竞争力的特征、核心竞争力的定性识别，以及理论研究框架等进行探讨，在此基础上制定出核心竞争力的培育与提升策略。

第一节　研究结论

结论一：第三方汽车物流企业核心竞争力培养与提升过程，与中国汽车产业的发展、汽车产业供应链管理结构的变革、汽车产业物流外包发展的趋势，以及第三方汽车物流企业自身核心竞争力培育战略等影响因素有着密切相关的联系。

从外延影响的角度分析，中国汽车产业生产自身的成长性、生产布局和销售市场广阔性、汽车生产企业供应链管理变革及物流运作外包模式等影响因素，与第三方汽车物流企业在汽车产业链中的生存与发展有着直接的关联，没有汽车产业的大发展、现代物流理念的传导和对第三方汽车物流企业创新性服务的需求这些基本条件，就没有第三方汽车物流企业核心竞争力培育的基础平台。

从第三方汽车物流企业培育核心竞争力各因素角度分析，向汽车生产企业提供满足现实需求与潜在需求的服务，在汽车产业物流市场竞争格局中正确定位，通过组织创新机制，促进满足客户需求的管理创新、技术创新及服务创新能力，通过提升现代信息与通信技术的应用能力、整合社会物流资源能力、对汽车产业供应链物流环节的管理能力、提供专业化服务的能力、人力资源因素、组织文化因素的建设等，对培育核心竞争力有着重要的影响。

结论二：第三方汽车物流企业现阶段的营销配送能力、汽车产业的营销观念与营运能力、供应链运营管理的资源整合能力等三因素，是构成第三方汽车物流企业核心竞争力的核心要素。

第三方汽车物流企业核心竞争力的识别应具有重点性。重点性包含在企业核心竞争力概念识别、特征识别，以及构成要素识别等方面。

第一，第三方汽车物流企业核心竞争力的概念和基本特征主要体现在价值性、独特性、延展性、整合性。重点包括：独特性是所提供的服务能够为汽车生产企业及供应链上客户带来价值利益，获得比自己经营得更好的物流服务，具有价值性。独特性是指集现代物流服务的理念、提供适应汽车生产物流服务的手段和技能、使双方各自所获得的价值利益，依靠这些内在的独特的能力，获得高于同行平均利润水平的收益，为企业带来持续的竞争能力。延展性表现形式在于，不断克服影响第三方汽车物流企业构建核心竞争力的不利因素，进一步推出一系列新的经营方式和创新性服务内容，以此保持企业在汽车物流市场竞争中的优势地位。整合性表现在运用现代信息与通信技术基础上，将汽车生产企业、原材料及零部件供应商、社会可利用物流资源整合能力，能过强化这种能力达到快速提升自身能力的目的。

第二，第三方汽车物流企业核心竞争力的核心要素确立，是在不断优化整合各类资源过程中形成的。为克服第三方汽车物流企业与汽车生产企业传统模式之间的差距，第三方汽车物流企业从营销观念开始，采用不断整合汽车生产企业资源、整合汽车生产供应链资源、社会物流资源等方式，将满足汽车生产企业需求作为最重要准则，从而确立起培育与提升核心竞争力的核心要素。

本书通过运用波特产业竞争五力模型分析第三方汽车物流企业的竞争环境，对第三方汽车物流企业在汽车产业物流运作过程中的竞争性因素进行分析，找出影响第三方汽车物流企业构建核心竞争力关键因素，归纳出由组织创新所形成的第三方汽车物流企业创新性服务模式和具体增值服务延伸模式。从提升物流服务价值利益的实际效果出发，提出在适应供应链管理变革的特定时期，组织创新是构建第三方汽车物流企业核心竞争力最显著的主要影响因素。

结论三：企业内部的组织创新、管理模式、技术能力、服务能力、人力资源、组织文化、市场为导向等因素都会影响企业核心竞争力的培育。

关于企业核心竞争力的影响因素问题一直以来受到广泛关注。许多研究者都试图找出驱动企业核心竞争力的重要因素，然而并没有得到比较完整的答案。本书在前人研究的基础上，建立了第三方汽车物流企业在培育与提升企业核心竞争力的模型。

第三方汽车物流企业主要依附于提供物流服务的汽车生产企业，而在企业体制、自主经营等方面与汽车生产企业没有直接的血缘关系，核心竞争力培育与提升的具体方法和程序有其特殊性。为此，在已有对一般企业研究的成果的基础上，分析了第三方汽车物流企业组织文化、市场为导向、人才培养、管理创新、技术创新、服务创新等因素对于培育与提升企业核心竞争力的影响。

通过对第三方汽车物流企业核心竞争力影响因素模型的初步建立，提出并设置了假设，即组织文化因素、人力资源因素、市场为导向、组织创新等因素对第三方汽车物流企业的核心竞争力有显著的正向影响。

经过实证分析，主要的结论包括以下几个方面。

第一，组织创新是第三方汽车物流企业核心竞争力的直接来源。本书对第三方汽车物流企业所提供的服务状况、竞争因素、创新服务模式等因素进行了充分的研究，从而得出以管理创新、技术创新为主体的组织创新模式，是当前第三方汽车物流企业最为突出的表现形式，提出组织创新对第三方汽车物流企业核心竞争力有着显著的正向影响。

第三方汽车物流企业组织创新能力，是当前汽车生产企业产能不断扩大、要求运营成本不断降低最为迫切的需求。提升组织创新的能力，除满足汽车生产企业服务需求外，还能有效地提高竞争对手入侵的壁垒。第三方汽车物流企业只有不断地通过组织创新来提升物流服务水平、提升客户价值利益，并在此基础上形成自身的核心竞争力。

经实证分析，组织创新对第三方汽车物流企业核心竞争力有着显著的正向影响作用。

第二，组织文化因素、人力资源因素与市场导向对于第三方汽车物流企业的核心竞争力构建没有直接显著的正向影响。第三方汽车物流企业脱胎于原有的产供销一体化的中国汽车生产企业，作为一个新兴的行业，专业人才十分缺乏。故本书假设人力资源因素对培育第三方汽车物流企业核心竞争力有着显著的正向影响的论点。

经实证研究得出，人力资源因素对第三方汽车物流企业核心竞争力培育虽有一定的关联性，但不起显著的正向影响作用。人力资源因素可以通过组织创新活动，在充分满足汽车生产企业需求的同时，才能更为有效地对第三方汽车物流企业核心竞争力培育起到显著的正向影响作用。

过去中国汽车产业长期实行的是计划经济的生产模式，在产品规模和比量都较小的情况下，汽车生产企业物流运作按产供销一体化的自营物流模式进行，企业不将物流作为经营考核的指标，物流运作对汽车生产企业压力不大。随现代物流理念的引进和社会分工的细化，第三方汽车物流企业的出现，有逐步替代汽车生产企业自营物流的服务功能，第三方汽车物流企业应着重考虑汽车生产企业生产发展的需求，在提供符合汽车生产企业价值利益的服务产品，提供增值服务、个性化专业化服务，以满足所服务客户的需求。故提出以市场需求为导向与第三方汽车物流企业培育核心竞争力有着显著的正向影响。

研究发现市场为导向对第三方汽车物流企业构建核心竞争力不起显著的影响作用，组织创新可以满足汽车生产企业当前的需求，以市场为导向可以通过组织创新活动，才能更为有效地对第三方汽车物流企业核心竞争力构建起到显著的正向影响。

通过实证对原所设立的组织文化因素对第三方汽车物流企业核心竞争力有正向影响的假设，从假设检验结果所显示，P 值大于 0.05，对应假设未获得通过。所得结论说明第三方汽车物流企业的组织文化因素，对核心竞争力虽有一定的关联性，但不起显著的正向影响作用，只有通过组织创新活动，才能有效地对核心竞争力构建起到正向影响。

第三，虽然组织文化因素素、人力资源因素与市场导向对于第三方汽车物流企业的核心竞争力培育没有显著的正向影响作用。但是，它们对于第三方汽车物流企业开展以组织创新为重点的培育核心竞争力战略确有显著的正向影响作用。

汽车物流是国际物流组织公认最为复杂的一门技术，目前汽车生产企业在竞争中不但比产品、比技术，竞争已在供应链环节开展，在汽车产品价格上已是供应链与供应链之间的竞争，由于引入了第三方汽车物流企业专业化的服务，在汽车生产企业供应链管理和运作过程中，第三方汽车物流企业需承担更为重要有作用。组织文化因素有助于企业构建团队合作，其核心是在企业中树立符合企业发展的价值观，体现在企业经营管 理活动和员工的具体行为中。

第三方汽车物流企业的成长过程中，应注重培育自身的组织文化因素。组织文化因素不是解决企业是否赢利的问题，但树立起良好的组织文化因素可以对第三方汽车物流企业管理创新、技术创新、服务创新起着良好的支持作用。第三方汽车物流企业的组织创新主要体现在管理创新、技术创新及服务创新方面。要提升企业的组织创新的能力，在客户关系管理、供应链物流环节管理、物流计划管理、现代信息与通信技术等方面，都体现在企业团队的素质与专业人员素质的提高。

经研究认为，人力资源因素对第三方汽车物流企业组织创新活动具有显著的正向影响作用。通过加强对员工的考核与培训，提升人员的基本素质，并通过组织创新活动，对核心竞争力构建能产生积极的影响作用。

第三方汽车物流企业组织文化因素的构建，对企业组织创新活动有着显著的影响作用。员工中的共同愿景及协同作业，良好的文化氛围，都会激励员工积极向上，并通过组织创新对第三方汽车物流企业核心竞争力的培育产生正向影响。

市场为导向对第三方汽车物流企业核心竞争力的正向影响是有限的，因为没有体制创新、管理创新、技术创新、服务创新及人力资源、企业文化等方面的支持，只是有良好的愿望的企业实力。以市场为导只是一句空话，市场为导向可以通过组织创新活动中的管理创新、技术创新和服务创新来更好地体现。

经实证研究表明，市场为导向对于三方汽车物流企业组织创新具有显著的正向影响，并可以通过组织创新活动对培育第三方汽车物流企业核心竞争力产生正向影响作用。

通过实证研究发现，本书所提出模型的假设部分得到了支持，例如H4组织创新对第三方汽车物流企业的核心竞争力有显著影响；H5a组织文化因素、H5b人力资源因素、H5c市场为导向等三项因素对第三方汽车物流企业的组织创新有显著影响的假设都获得了支持。

研究发现，有部分假设没有获得支持，例如H1组织文化因素、H2人力资源因素、H3市场为导向等三项对第三方汽车物流企业核心竞争力有正向影响的假设未获得支持。通过这一结果的获取，本书提出了修正后的模型。

研究假设检验结果见表10.1。

表10.1 研究假设检验结果

序号	研究假设	检验结果
H1	组织文化因素对第三方汽车物流企业的核心竞争力有正向影响	未获得支持
H2	人力资源对第三方汽车物流企业的核心竞争力有正向影响	未获得支持
H3	市场为导向对第三方汽车物流企业的核心竞争力有正向影响	未获得支持
H4	组织创新对第三方汽车物流企业的核心竞争力有正向影响	获得支持
H5	组织文化因素、人力资源因素、市场为导向对第三方汽车物流企业的组织创新有正向影响	获得支持
H5a	组织文化因素对第三方汽车物流企业的组织创新有正向影响	获得支持
H5b	人力资源因素对第三方汽车物流企业的组织创新有正向影响	获得支持
H5c	市场为导向对第三方汽车物流企业的组织创新有正向影响	获得支持

通过实证分析的结果表明，本书所提出的组织创新是当前第三方汽车企业核心竞争力最为突出的主要因素等观点的论述，通过理论分析与实证分析得到支持，为第三方汽车物流企业核心竞争力的形成与影响因素的研究提供了可靠的依据。

结论四：影响第三方汽车物流企业培育核心竞争力的缺失主要反映在第三方汽车物流企业目标市场障碍、第三方汽车物流企业自身不足等两个方面。

针对所存在的问题，从培育核心竞争力战略的制定，核心竞争力提升的步骤方面进行论述，提出第三方汽车物流企业核心竞争力培育战略选择方面，着重从组织创新能力提高、按汽车供应链管理特点培养专业人员、市场为导向和强调学习的组织文的确立，为第三方汽车物流企业在新的历史时期运用新观念、新技术和新方法培育核心竞争力提供了新的视野。

结论五：第三方汽车物流企业核心竞争力的培育。只有在充分满足汽车生产企业需求的同时，依托组织创新机制并在管理创新、技术创新、服务创新及其他关联因素的有力配合下，提升专业化服务的能力水平和顾客的价值利益，与所服务的汽车生产企业建立起新型的血缘关系，形成新的汽车供应链物流环节上相互依存、相互协作的战略联盟伙伴关系，以提高竞争对手进入壁垒，才能将培育企业核心竞争力的战略落到实处，达到提高企业自身核心竞争力的目的。

第二节　研究贡献、研究限制及未来发展方向

一、研究贡献

本书在总结和吸收前人研究成果的基础上，以第三方汽车物流企业作为研究对象，对影响核心竞争力的因素进行了深入的研究。本书在探讨国内外研究的文献基础上，着重对第三方汽车物流企业核心竞争力的形成，对构建核心竞争力过程中有显著影响的因素进行研究并得出结论。

第一，提出第三方汽车物流企业作为一个新兴行业，由于不掌握汽车生产企业物流资源的所有权，如果还是单纯停留在对企业规模、资金投入、运输设备投入、人力资源、财务状况、市场份额等方面的评价是不够全面的。本书认为在汽车产业供应链管理变革的特定时期，第三方汽车物流企业还可

以通过对主要影响因素加以重点研究，确立适合自身发展的核心竞争力培育战略。

第二，本书重点突出第三方汽车物流企业如何抓住当前汽车产业供应链管理变革的有利机遇，迅速切入汽车产业物流市场领域，并在这一新兴的汽车供应链领域迅速做强做大，提升自身的竞争力。提出从培育第三方汽车物流企业核心竞争力有着显著影响的组织创新（管理创新、技术创新、服务创新）入手，认为组织创新是现阶企业培育核心竞争力过程中最为突出的表现形式。提出了第三方汽车物流企业现阶段的营销配送能力、营销观念与策略营运能力、资源整合能力，是构成其核心竞争力的核心要素。

第三，本书认为，第三方汽车物流企业组织创新因素对构成核心竞争力具有显著的正向影响作用。对组织创新因素进行重点识别和评价，并对组织创新因素与人力资源因素、组织文化因素、市场为导向等因素与第三方汽车物流企业培育核心竞争力过程中的影响关系，各因素之间对培育核心竞争力影响因素的关系进行实证评价，并在此基础上确立了第三方汽车物流企业核心竞争力影响因素模型。

第四，修正了人力资源因素、组织文化因素、市场导向因素对第三方汽车物流企业核心竞争力有显著的正向影响作用的假设。

通过研究发现，原假设的第三方汽车物流企业组织创新、组织文化因素、人力资源因素、市场导向等多项因素共同对第三方汽车物流企业核心竞争力都有显著的正向影响作用。经实证检验发现，组织创新对第三方汽车物流企业核心竞争力有显著的正向影响作用，第三方汽车物流企业的组织文化因素、人力资源因素、市场为导向等因素，对企业核心竞争力没有显著的正向影响，而组织文化因素、人力资源因素、市场为导向因素可以通过企业的组织创新这一中介作用的活动影响企业核心竞争力。同时，对组织创新的中介作用因素进行了验证。

通过上述对第三方汽车物流企业培育核心竞争力过程中的各种主要影响因素的有效识别，所得出的结论便于第三方汽车物流企业的制定企业自身核心竞争力的培育战略。

总之，本书以突出重点的研究视角与核心竞争力理论实际应用方法，对第三方汽车物流企业核心竞争力的培育进行系统的论述，为第三方汽车物流企业的实践提出具体的建议和指导。

二、研究限制

本书通过实证研究的方法，揭示了第三方汽车物流企业培育核心竞争力过程中的主要影响因素，具有一定的理论和实际应用意义，但由于第三方汽车物流企业作为一个新兴的行业可供参考的文献极为有限，笔者可应用的数据也非常有限。因此，本书的研究存在以下的局限性。

首先，由于主要的汽车生产企业分布较分散，受时间、精力和经费的限制，对第三方汽车物流企业的深入研究，只能局限于有业务联系的企业。研究对象仅局限于在近年中成长起来的社会第三方汽车物流企业，如笔者工作单位所服务的江西江铃汽车集团、湖南长丰汽车集团、昌河汽车集团等企业。而为汽车生产企业提供物流服务的还有汽车生产企业的自营物流单位、与外资合作的中外合资汽车物流企业等。因而，对汽车物流企业的核心竞争力及影响因素研究只是局限于汽车物流行业中的第三方汽车物流企业的情况，而不是现行多种汽车产业物流体制中的全部。

其次，在抽样调查文案的设计及抽样调查方面，可能存在文案设计重点性把握和全面性概括的不足，并不能完全概括第三方汽车物流企业与核心竞争力相关的内容，可能存在样本选取的偏差造成研究结果与现实的吻合有一定的偏差。抽样调查以汽车生产企业、与汽车物流相关企业的管理人员与企业职工为主体，抽取样本的企业与地域都有一定的局限性。

最后，第三方汽车物流企业的核心竞争力的培育是一个长期的过程，作为一个新兴的行业和成立历史不长的第三方汽车物流企业，核心竞争力的构建和培育都处于动态过程中，对于第三方汽车物流企业核心竞争力的探讨会随企业核心竞争力理论发展、汽车产业供应链结构的变革、汽车生产企业对物流服务需求的不断变化而变化，一些观点和做法也在不断改进和深化中。例如，本次的研究变量选择方面，只挑选了笔者认为与第三方汽车物流企业核心竞争力最为相关的组织创新、人力资源、市场导向、组织文化因素等相关因素作为变量进行重点探讨，而领导行为、资本运营能力、企业战略等许多与核心竞争力相关因素没有一并研究。

如果在今后研究中，题材的获取能将更为丰富，希望能进一步扩大研究对象的范围，特别是可以加强对第三方汽车物流企业由组织创新所产生的专业化服务能力的研究，进一步提升到一定高度时，将产生何种变化的因素研究，还可以在定量因素中还可增加对物流设备（设施）、资金、领导行为能力等多种因素的变量进行评价，以增强评估的全面性和准确性。

三、未来研究方向

企业核心竞争力理论的产生是战略管理、经济学、知识经济管理以及技术创新理论不断积聚而成的结果，也是当前工商管理实践的热点问题。从总体来看，当前中国对第三方汽车物流企业核心竞争力的研究还处于初级探讨阶段，在研究过程中还应着重解决以下存在的问题。

第一，第三方汽车物流企业是近年来在汽车生产企业对自身供应链管理变革过程中所发展起来的，第三方汽车物流企业成长环境与核心竞争力的提升，受到所服务的汽车生产企业成长性相关极为密切。调查发现：汽车生产企业高速发展的同时，第三方汽车物流企业本身也在高速发展，这为核心竞争力的形成提供了有利因素。反之，第三方汽车物流企业自身的成长及构建核心竞争力也将受到一定的制约。

第二，本书显示第三方汽车物流企业核心竞争力及影响因素最为相关的是组织创新活动，人力资源、组织文化因素、市场导向等作为变量，还存在一定的局限性，只论证了组织创新因素对核心竞争力的影响作用，人力资源、组织文化因素、市场导向对组织创新的影响作用。今后的深入研究，应在本次研究结论的基础上，增加第三方汽车物流企业成长环境、资本运营、关系资本、企业战略选择、领导行为等变量因素和各因素之间的影响作用。这样可以更全面地反映第三方汽车物流企业特点，同时，扩大问卷调查数量，使研究的结果更具真实和可靠性。

第三，中国汽车产业及与汽车产业相关企业产值占国民经济比重不断上升，而专门研究第三方汽车物流企业核心竞争力的文献数量不多，且研究重点比较分散，缺乏系统性，在今后的研究中可以进一步地开展系统性地、更加深入地的研究，为第三方汽车物流企业培育核心竞争力提供尽可能的帮助。

目前，从一般企业管理层面介绍、引进和研究国外关于核心竞争力理论的研究文献较多，但对于具体的第三方汽车物流企业来说，对其核心竞争力的研究需要把一般理论与行业特征相结合才能深入进行。

许多学者在企业核心竞争力方面进行了研究，但到目前为止，专门研究第三方汽车物流企业核心竞争力的界定、来源、作用、识别与评价、培育与提升的文献并不多，系统性研究的文献更是少见，同汽车产业及第三方汽车物流企业高速发展不相适应。

第四，在已有的文献中，较为多见的是把一般企业核心竞争力理论简单地应用到汽车物流企业，而在第三方汽车物流企业的行业特征基础上研究其核心竞争力的文献较少，可以在今后的研究中进一步的补充完善。

第五，作为研究第三方汽车物流企业核心竞争力及影响因素，还面临汽车物流市场规模迅速发展，现行汽车物流市场主体不断增加，掌握汽车物流供应链环节资源的汽车生产企业，在自营物流与中外合资物流等模式下，存在着汽车物流市场竞争并不充分，市场体系有待完善等外部环境。今后应注重对第三方汽车物流企业外部环境进行深入细致的研究，随市场发展变化而变化。

第六，本书所述第三方汽车物流企业经营模式、汽车产业供应链管理变革等因素都会对第三方汽车物流企业培育核心竞争力产生深远的影响，从目前的研究现状来看，如何把这些影响因素与一般企业核心竞争力理论进行良好的结合，构建适合第三方汽车物流企业的核心竞争力理论体系与分析框架，仍是一个需要解决与完善的问题。

第三节　第三方汽车物流企业核心竞争力培育策略

第三方汽车物流企业培育核心竞争力的必要性，是由其附属于汽车生产企业地位和随汽车产量上升、成本下降的客观现状所决定的。培育第三方汽车物流企业核心竞争力战略，已受到越来越多的企业迫切需要。随着战略规划理论和实践的发展，大多数企业已经开始认识到存在两种类型的战略：业务单元战略和公司战略。

制定第三方汽车物流企业核心竞争力培育战略也可遵循这两个原则，根据国家汽车工业的宏观发展战略和交通运输行业发展规划，正确确定本企业在国际、国内和区域经济中的战略地位，在行业发展中的水平，在物流供应链中起到的作用。再根据自身的特点和优势，确定自身核心竞争力的战略目标、战略重点、战略规划和部署。

构建和培育第三方汽车物流企业核心竞争力战略可以围绕以下四个大部分进行。

第一，围绕第三方汽车物流企业的发展方向。第三方汽车物流企业在构建和培育核心竞争力战略时可考虑以下内容：盈利模式、盈利能力、目标市场、劳动生产率、服务产品、设备设施、研究与创新、组织结构、人力资源、战略伙伴、资源整合、社会责任等。

第二，围绕创新第三方汽车物流的经营模式。第三方汽车物流企业经营模式必须结合自身优势和与汽车生产企业合作层次的特点，不断创新服务提升客户价值利益，使企业最充分地发挥自有资源的优势。

第三，围绕供应链环节资源优化配置。第三方汽车物流企业拓展有利的条件是，一旦进入汽车生产领域获得业务，汽车生产商所提供的资源来源基本稳定、供应链关系基本稳定。资源优化配置就是把企业内部和外部的所有资源按照发展方向、经营目标、经营范围的要求，有机、高效地整合起来，优化它们的配置关系，提高协同效率的过程。

第四，围绕第三方汽车物流企业核心竞争力的培养和利用。第三方汽车物流企业必须有自己的强项，否则在日益剧烈的市场竞争环境下，提升核心竞争力是很困难的。为了提高竞争优势，扩大市场份额，突出在行业中的领袖地位，必须加强自身核心竞争力的培养，同时加大力度，通过各种管道、各种方式利用核心竞争力优势，因为核心竞争力是企业获得超额利润的工具，也是资本扩张和重要筹码。

战略就是制造竞争中的取舍效应（迈克尔·波特，1980d）。为促进第三方汽车物流企业的核心竞争力构建，具体还可采用以下培育战略措施：

一、树立学习意识，提升服务能力

第三方汽车物流企业核心竞争力包括了核心资源、核心能力、核心要素和内外条件因素在诸多要素包含现代物流服务理念、技术能力、组织机构与人力资源、支撑服务所需的网络、企业文化等基本因素但许多第三方物流企业看到汽车工业的发展潜力，但往往不知道怎么进入，已经进入的在提升物流运作水平上拿不出增加客户价值利益的具体方案，失去了许多可以做大做强的机会，这是因为这些管理人员的相关知识全部来源于实践，但对现代物流发生的变革性认识不透彻，现在必须要抓紧补回现代物流知识、现代通信和信息技术、企业的战略目标等一系列的相关知识，才能为下一步提升核心竞争力打下基础。

运用现代物流理念来看待目前的汽车物流，汽车生产厂商和物流企业可以将物流的运作理解成把整个汽车工业和为汽车工业服务的企业及社会可支持物流运作的设施、设备、人员看作一个物流运行的大系统，运用现代通信技术手段将这运行系统中的汽车原材料、零部件供应商，公路、水运、铁路、空运等运输商，各地汽车经销商，不同隶属关系及分布在各地的汽车生产企业、各汽车生产企业掌控的中转仓库，各类物流企业等之间的资源进行整合利用，充分利用整个社会的资源，使汽车物流的运作是在整个原材料供应、商品车销售的大环节下，达到最佳的目的性和经济性，让汽车物流供应链上所有参与者都能受益，从而提升汽车物流运作的整体水平。

目前一些第三方汽车物流企业并不是没有物流技术、物流的设施、物流资源，而是缺乏对现代物流理念的理解，使整个物流战略发展规划、物流人才的引进、物流网络的布局、物流企业之间的合作、战略伙伴的发展等，都只限于局部考虑，而没有从现代物流理念和汽车生产企业需求角度思考，导致企业的服务能力没有充分地体现，使企业做不大、做不强，难以形成竞争优势。

一些跟随汽车生产商一起成长的第三方汽车物流企业，只满足于获得了营业额增长和服务项目的增加，并没有把自己放在整个汽车物流供应链中来考虑，不能对整个供应链上下游进行有效的整合，在提升服务能力的基础上，为汽车生产厂商、供应商主动降低成本。因此，第三方汽车物流企业要加强对现代物流理念的理解，从灵活运用现代物流理论入手，以提升为汽车生产企业专业化服务能力，作为培育与提升自己核心竞争力的第一步。

二、提高第三方汽车物流企业的创新能力

第三方汽车物流企业要根据市场需求改革创新，用现代物流的理念和技术，进行业务重组和流程再造，在服务功能、规章制度、发展战略和经营管理等各个方面进行必要的调整和完善，建立与此相适应的灵活的企业机制与管理体制。

企业通过创新形成竞争优势。它们在各种领域，包括新科技发展创新，或从旧的方法中找出更好的竞争手法。汽车物流是一个新兴的行业，机制、管理手段和方法都要与高速发展的汽车工业相匹配，否则原来有好的基础条件也会被淘汰。

例如，拥有10多辆大型商品车运输平板车的江西长运汽车物流公司，其母公司江西长运集团是国内著名的上市公司，是最早为江西江铃汽车集团运送商品车的企业。由于墨守成规，死抱旧的、传统的、单一的物流运作模式，企业体制和管理机制一成不变，无法适应汽车物流市场变革，虽然拥有大型商品车专用车辆，但在竞争对手已对专用车辆资源进行全国范围内整合调配情况下，未能进入商品车运输供应链环节，既没能力去整合别人，又没有主动适应市场被别人整合，在业务不饱满的情况下，拥有商品车专用运输车辆反而成了负担。该公司难以为继，其上级单位决定退出第三方汽车物流市场，将运输车辆拍卖，人员遣散，最终放弃了别人想进还难以进入的市场。

落实对第三方汽车物流企业机制创新关键在于理念创新，要根据当前汽车物流发展的要求，用现代物流理念改造传统的汽车物流企业。现代物流理念不同于传统的物资配送，它是指将采购与分销（上游和下游）两个为生产服务的供应链统一在一起，形成的现代物流供应链。目前国际上大的汽车生产商与大的汽车销售商形成的供应链，已经成为现代汽车生产、销售和利润

主体，也是未来汽车产业发展的主导方向之一。

理念创新必然要通过运行机制体现出来。因此，第三方汽车物流企业的理念创新必然会要求在经营机制上进行相应的创新。机制创新内容较多，主要包括汽车物流市场上的快速反应机制、物流技术创新机制、管理创新机制、快速高效的决策机制、与汽车生产企业及内外部的平衡协调机制等。

三、按汽车供应链管理特点培养专业人才

将企业作为一个整体来看，无法认识竞争优势。竞争优势来源于企业在设计、生产、营销、交货等过程及辅助过程中所进行的许多相互分离的活动。但企业还需要一种能力将这些能力组织在一起，沿着一个明确的方向运动。这就是汽车物流人才所需要做的事。

（一）汽车物流人才注重培养的主要内容

汽车物流行业极为复杂，特别是电子商务概念的引入后，传统运输仓储的人才还不能适应汽车生产领域新的要求。一个优秀的汽车物流人才除具备传统物流的知识，还要具备对汽车产品的规格、型号、零部件，汽车生产企业的生产计划、生产方式、生产工艺、生产流程、生产企业部门之间的关系、供应链上下游之间关系等都应有所熟悉和了解。因而第三方汽车物流企业培养人才应注重从以下几个方面重点培养：一是对供应链客户关系的管理。二是供应链观念的提升。三是物流计划管理。四是注重学习现代信息和通信技术。最后是注重培养学习型的组织和学习型个人的能力。

（二）对第三方汽车物流人才的培育模式

第三方汽车物流企业可以通过以下几个途径，对专业人才引进和培养。

第一，对第三方汽车物流企业员工进行有针对性的培训。结合第三方汽

车物流企业所承接的具体业务，组织内部力量，编制职工学习的培训材料，及时将理论知识和实际方法授予员工，使职工掌握现代物流的知识。同时，还可请物流专家来培训，企业内部教师对职工进行培训，使员工尽快掌握现代物流的基本理论。

安徽江淮汽车集团利润连续十年以每年30%的速度增长，该企业规定，每周六上午是雷打不动的业务学习时间。这个规定各部门一直延续和坚持下来，当企业物资部门被剥离为独立核算的第三方物流企业后，仍把这好传统延续，为转轨成为第三方物流企业稳定发展提供了保障。

第二，输送干部职工到院校，甚至国外深造，学习现代物流知识。中联物流公司对员工的培训有几种层次：一是组织全体员工的业务学习，主要是现代物流理念的灌输。二是组织青年后备干部的重点学习，给予青年干部学习机会和表达组织对他们培养的重视。三是对考取了社会大学学历教育的，欢迎回原企业服务。

第三，组织管理人员到一些优秀的汽车生产企业物流公司考察，学习借鉴其先进经验。例如，广州本田汽车，其供应物流在仓储、配送、直送上线、循环取货等方面的管理业绩，是本田公司国外17个工厂中做得最好的。学习同行业的经验，可为一些汽车物流企业融入现代物流提供借鉴。

第四，选拔人才，抢占人才制高点，取得人力资源上的绝对优势。第三方汽车物流企业之间的竞争，实际上是企业人才选拔与使用政策环境的竞争。企业应把人才战略作为首要战略，一方面要引进和培养人才；另一方面要加强人才资源的开发和管理，有计划地进行培训，尽快抢占人才制高点，取得人力资源上的绝对优势。具体做法有以下两种：一是直接从汽车生产企业物流岗位招聘适合人才。二是汽车物流企业还可从院校或其他物流公司引入物流人才，或聘请高等院校教授任顾问，促使企业更快融入现代物流。

四、整合汽车供应链，提升核心竞争力

当前大多数第三方汽车物流企业规模小，服务功能单一，物流资源分散，集约化经营的规模效益难以实现。由于物流资源不能有效配置，物流成本在汽车企业生产成本中所占的比重居高不下。核心竞争力理论表明，竞争优势源自整个活动的体系，而活动间的整合则会实际地降低成本，或增加差异化。第三方汽车物流企业可以通过资源整合来降低物流成本，并提升自身的竞争力。

（一）通过并购整合，提升第三方汽车物流企业核心竞争力

大多数第三方汽车物流企业只依附与某一汽车生产企业，才能生存和发展。由于业务经营地域过窄，市场份额小，获得物流业务少，物流资源分散、物流企业之间过度竞争等原因，第三方物流企业达不到规模效益，使得物流成本相对较高，企业利润率低。第三方汽车物流企业可通过并购整合、联合发展战略，对客户的物流活动进行资源整合，在帮助汽车生产企业降低成本获取利润的同时，求得自身更大的发展。

（二）通过并购整合，提升第三方汽车物流企业经济效应

第三方汽车物流企业之间的并购整合，其经济效应反映在以下五个方面。

第一，资源和资金的集合优化效应。汽车生产企业，无论是采用自营物流还是外包第三方物流的方式运作，物流企业一般都掌握和控制全部或部分汽车生产企业的物流资源。汽车物流企业间进行并购整合之后，商品车和源材料、零部件等基础资源得到了跨领域或跨地域的扩展，所投入的软件资源可以多方面运用，优势资源得到互补。这样可以整合原来企业的市场，进行更加复杂的物流活动，开发物流系统的附加价值。新的第三方物流企业将在

一个更广泛的基础设施网络、企业服务网络、信息资源网络中实现运营成本最优化，为客户提供更高效率、更低成本的物流服务。

例如，吉林长久物流公司，先后整合了广西柳州、安徽奇瑞、海南马自达、北京现代等汽车生产厂的商品车资源，运输范围扩大，运输线路往返互补性增强，空载率显著下降，效益明显提高。商品车大型运输平板车从 60 辆增加到的 343 辆，成为跨区域的大型汽车物流服务商。

第二，人力资源的优化效应。在汽车物流专业人才缺乏的现实条件下，物流企业经过并购整合后，人力资源可以互相补充，人力资源配置可以得到优化。汽车物流企业的业务发展，在并购整合其他汽车生产企业的物流公司和业务时，原来的物流人员最熟悉原来企业的部门运作和人脉关系，有利于帮助新的公司开创局面。随汽车物流企业规模扩张、企业影响力扩大、效益提高、实力增强，都还可以为人才提供更好的条件，进而使得物流企业在整合业务和并购后快速提升自身的核心竞争力。

第三，客户资源和市场资源的优化效应。对第三方物流企业的客户资源和市场资源进行整合，统筹管理、控制和协调销售网络、配送管道，实现客户之间的协同效应，降低库存和成本，提高经济效益。

例如，江苏、浙江、上海一带是汽车零部件生产最为集中的地区，分布在各地不同的汽车生产企业往往在这一地区向这些企业选购零部件，如某汽车物流企业同时为多家不同区域的汽车生产企业提供服务，可以在零部件的订货、协调运输、协调与零部件供应商的关系、协调仓储等方面进行协同，减少成本开支，物流服务商的成本下降也为汽车生产商降低物流成本创造出空间。

第四，可提升技术创新的效应。通过整合与并购，第三方汽车物流企业基础资源得到了跨领域或跨地域的扩展，软件资源得到了充分的利用，人力资源配置得到了优化。企业规模扩大，资金实力增强，使企业有增大技术投资的能力，可导致一系列的技术创新。

例如，中联物流的信息系统不单只与江铃汽车集团一家生产企业相连，可与多家汽车生产企业和多家零部件提供商相连。这时优势的体现已不单指信息系统所发挥的整合与信息共享的作用，在统一资源调配、运输工具调配、运输线路的优化、调度系统的统一、软件的利用和硬设备的完善升级，都将在整体效益中显现出来。

第五，市场竞争力的提升效应。汽车物流市场一般由商品车运输与储存、零部件运输与储存、零部件储存与配送上线等环节组成，原来这些环节由若干个物流规划部门、不同的运输商、不同的汽车生产商和零部件生产商构成。通过整合并购后的第三方物流企业，在一系列服务流程优化、人力资源优化、市场资源优化和技术创新之后，企业整体实力提高，能够向客户提供各种物流外包服务、还能够提供广泛的服务网络地域覆盖，以及复杂的技术支持，其市场竞争力得到巨大提升。

从目前中国的汽车物流企业并购实际情况看，所进行并购的最主要的目的就是获取汽车生产企业更多的物流资源，整合供应链各环节降低运营成本，扼制竞争对手，在扩大企业规模的同时扩大市场规模。

（三）建立第三方汽车物流企业联盟战略

战略联盟对增强企业的竞争实力，促进优势互补，降低成本产生重要的影响。战略联盟和协议可以成为同一行业中公司竞争的很有潜力的有效竞争手段，同时还可保持公司的独立性。

联盟对第三方汽车物流企业提升竞争力有十分重要的作用。从第三方汽车物流企业运作的角度上看，企业间的合作不仅能够节约相互之间的交易费用，而且可以通过获取合作伙伴的互补性资产，扩大企业运筹外部资源的边界，聚合彼此在不同价值链环节中的核心能力，合作创造更大的顾客价值。

企业间通过联盟合作建立伙伴关系，要能够在合理分工的基础上，在相关的业务活动过程中相互配合，降低其中的协调成本，增加共享受益，从而获取更多的竞争优势。

然而，第三方汽车物流企业对通过价值链的合作生产，实现优势互补还缺乏充分认识。一些物流企业在获得汽车生产企业物流资源后，首先想到的是购买运输车辆、物流设备，从而陷入固定资产投资过多、资金周转不灵的困境。例如，广州富田——日捆物流公司，随广州本田产量的增加，不断增加大型商品车运输专用车，但广州本田商品车运输改为以铁路为主的运输策略后，大型运输车辆业务量明显不足，应有的效益不能充分发挥。

第三方汽车物流企业间联盟应尽量做到以下几点：一是强调共同利益；二是企业之间的互动应是长期的且不断重复的；三是合作的企业之间应加强相互信任；四是要注重对关系资源和网络资源的维护；五是在企业联盟发展中增强自身的竞争能力。

第三方汽车物流企业可以从以下几方面进行联盟：第一，与汽车生产企业结成战略联盟。第三方物流在为汽车生产企业提供服务过程中，虽然是一个独立的经济法人，但应根据汽车生产企业的发展战略，融入经营环节寻求共同发展，如天津安达汽车物流公司，在紧临天津新扩建的汽车生产旁边，征用土地建立零部件仓储配送中心，这样天津汽车集团减少了征地建仓储中心的费用和省去今后的日常管理。安达物流公司通过投资解决了天津汽车集团扩产所引发的新的问题，顺利取得了仓储配送中心的经营权，并获取今后长时间的合作服务，双方结成利益共同体。

第二，与汽车生产供应链上下游之间的联盟。第三方汽车物流企业与汽车生产供应链物流环节的上游是零部件原材料生产企业，下游是汽车销售部门。大量的原材料、零部件可以通过优化供应链各环节运作，整合资源，创造出新的业务模式和赢利方式。

例如，负责向汽车生产企业供应汽车轮胎的企业，过去是将生产出来的轮胎按时运到生产厂。由于现在汽车生产厂采用零库存方式而要求零部件供应商以小批量、多批次的方式供应零部件，这种要求给轮胎厂造成极大压力。为此，第三方汽车物流企业与轮胎厂之间可以结成联盟，承担轮胎运输业务，还可承担轮胎保管、配送上生产线、质量问题的业务处理和货款结算等工作。

汽车生产企业供应链上下游企业进行联盟合作，可以帮助汽车生产企业降低零部件库存，解决零部件产品供应的烦锁，为扩大汽车物流市场份额打开思路。

第三，与从事汽车物流企业之间的联盟。第三方汽车物流企业与汽车生产企业或物流服务商结成联盟。例如，与掌握水运航线的船运公司联盟，能保障商品车船运周期和价格上的优惠；与各地区拥有商品车物流中转基地的企业结成联盟，可省去自建商品车中转库的征地、基建、通信网路、日常管理等费用，保障商品车运输过程中的合理中转；与其他汽车生产企业的物流服务商联盟，可以将自己服务的地区域向外进行辐射。当商品车运输车辆回程时，可载当地商品车。当人工运送司机返程时，也可自驾其他汽车生产企业的车辆向回程方向行驶。

（五）第三方汽车物流虚拟经营运作模式的应用

近年西方发达国家的企业已提出和实施了一些新的管理模式。其中，融制造技术、信息技术和管理技术于一体的虚拟经营（virtual corporation，VC）。所谓虚拟经营，是指企业在组织上突破有形的界限，仅保留企业中最关键的功能，而将其他功能虚拟化，通过各种方式，借助外力进行整合弥补的经营模式。

1. 第三方汽车物流企业虚拟经营的运作模式

目前第三方汽车物流企业利用虚拟物流模式运作，可以从以下几方面考虑：

一是在商品车的发运上合理规划运输，现在许多汽车生产厂或运输企业采取由甲地送往乙地的商品车，到达乙地后，与当地合作利用返回的空车将乙地的商品车运往甲地。反之，乙地的商品车运输也是一样操作。这样需要有协调的机制，对货物的数量、时间、地点、质量、运输结算等就要求有机构专门处理。

二是一般汽车生产企业的原材料、零部件采购的区域范围大。相当多的部件采购距离有1000多千米，有的还是国外进口。另外，零部件原材料的采购、运输、中转、结算等，涉及原材料生产商、零部件生产商、运输商、汽车生产商等多个环节。

三是汽车厂商生产计划的稳定性。可从汽车生产商的年计划、月计划、周计划、日计划中得到准确的信息，及早做好配合的准备。供应链各环节在订单、仓储、运输、结算等方面易于形成操作规范。

四是参与虚拟企业运作的各方都拥有自己的资源优势，如掌握汽车生产的原材料、零部件、商品车、运输车辆、调度指挥系统、计算机及网络等资源。

五是汽车物流企业，商业信誉较好。在质量保证、交货时间、结算等方面基本上有保证。

2. 汽车物流虚拟化运作案例分析

汽车物流企业虚拟化运作方式，可由掌握汽车生产企业物流资源的物流服务企业牵头作为发起人，以“盟主”的身份在围绕汽车生产企业供应链上下游的企业中，选择相互利益共享资源互补的合适的企业作为“盟友”。盟主通过对整个业务流程的管理，及时掌握商品的数量、地点、运输方式、运输时间等状况，盟友时刻与盟主保持密切的联系，相互之间积极配合，共同为完成同一经营目标而协同运作。

如广州本田汽车公司可存放零部件的配送中心仓库只有2万平方米，仓库库存量有限，要求距生产厂区100公里范围的零部件供应商，每天根据品种、数量、时间的要求直接将零部件送货到生产线边。由于送到生产线边的零部件有严格的时间和数量要求。广州本田汽车与第三方物流配送企业签订合作协议，广州本田汽车负责将月度、每周、每天、每一小时需送的零部件信息传递配送公司，配送公司负责根据这一信息规划好时间、线路、车辆吨位，采用巡回取货的方式，到各家供应商企业收集零部件。这种方式的合作，广州本田不需要增加购置运输车辆的资金投入，不需要专设运输和车辆管理人员，只需及时给出信息，由专业的配送公司完成每天的配送任务。零部件供应商也避免了不经济的送货。图10.1为广州本田汽车集团提供服务的广州日捆物流公司网上物流订单及结算方式示意图。

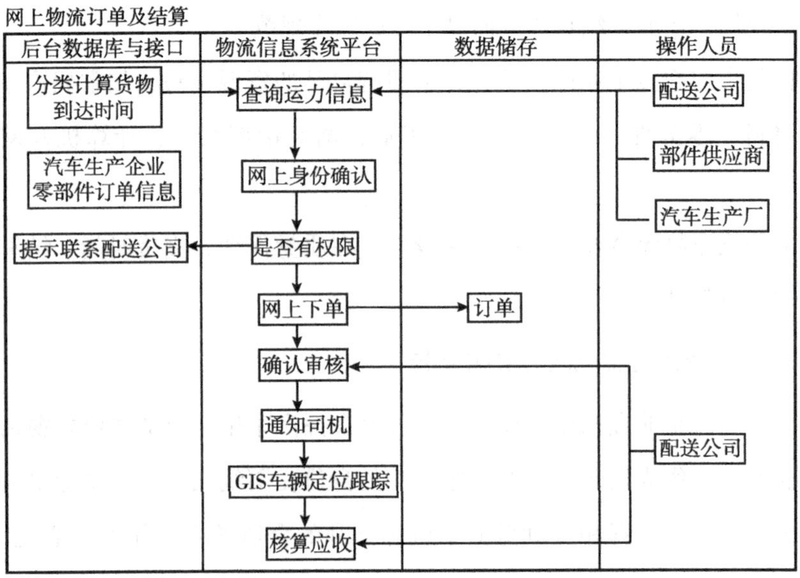

图10.1 网上物流订单及结算方式示意图

目前，美国、日本等汽车生产先进国家，正以较快的速度组建跨行业、跨地区的虚拟企业或应用虚拟企业模式。福特汽车公司拥有数量庞大的生产系统和复杂的物流网络，有31家发动机和传动系统生产厂，13家冲压器生产厂和54家组装厂，从大约4000家位于世界各地的供应商处购买零部件。每辆汽车平均需要2500个配件送到组装工厂。整车要送到200多个国家中的20000家销售商处。每年运输费用高达65亿美元，使用各种运输形式。在每时每刻，有50万吨的货物在运输。

2000年初，福特与供应链管理方案提供商SynQuest合作。针对福特网络复杂的特点，该技术公司提出了整体、同时、最优化的独特的解决问题方案，称为“内部运输计划”（IPE），保证福特在同一时间管理和调控所有的生产地点和所有的原材料。该方案不仅能将福特的内部各个工厂与供应商和销售商连接起来，还可以在各家提供的各种数据和数据的基础上，自动生成最优化的生产与销售计划，整个方案是站在应用虚拟企业模式的基础上先模拟运作，以前需要聘请外部顾问做的事，现在通过“虚拟物流运作”来自行完成。重要功能是用最小的总成本给集团内部的物料转移决定最佳的数量和理想的运输，改变了以往的业务模式，给福特汽车公司带来了巨大效益。

（六）依托信息战略优化供应链管理

无论哪种企业，信息技术对于降低成本和产品差异化的竞争优势，都产生了强大的效果。汽车物流以跨区域运作和严谨、机动、灵活、快捷为特点，信息化已经成为汽车物流企业必不可少的前提。第三方汽车物流企业要在激烈竞争中取得竞争优势，就必须建立信息管理系统，企业可以利用网络技术把物流中大量、多变的数据进行快速、准确、及时的采集、分析和处理，把分散在不同区域的物流服务网点连接起来，形成物流信息服务平台，增强供应链的透明度和控制能力，提高整个物流系统的效益和客户服务水平。

第三方汽车物流企业信息化可借鉴以下几个方面。

一是突出信息技术在竞争中的角色，一个很重要的概念是“价值链”。

汽车物流企业与汽车生产供应链环节的客户资源共享，包括汽车生产厂家、供应商、物流服务商、业务合作伙伴、银行等涉及价值链环节部门的信息共享。

二是第三方汽车物流企业及合作伙伴都建立信息回馈系统，及时掌握各种回馈信息，提升整个供应链环节的竞争力。

三是用信息化改造现有汽车供应链流程缺陷实施整合。第三方汽车物流企业所提供的不仅是服务，更重要的是一种新的管理模式，而物流信息化恰恰是实现管理创新。在这种观念下，第三方汽车物流企业以运输网络、销售网络和物流中心管理信息化建设等运作状态为依据，对企业的流程管理不断调整与优化。

四是进一步向电子商务发展。把信息化的实施与先进的管理理念、流程的优化、客户的服务相结合，启动供应链管理标准化，缩小了电子商务中物流与信息流、商流和资金流存在的反差。

在中国第三方汽车物流企业行业中，基础的物流信息系统改造可以从易到难，基础的信息化可以从以下几方面开展。

（1）将 RFID、条形码技术应用在商品车整车物流管理中。通过 RFID 技术或条形码技术管理识别所有库存车辆，自动核对收货单位、承运商和所提车辆信息，可避免不必要的人为错误，提高效率。

（2）运输分配和运输跟踪的信息化管理。自动生成商品车运输单并进行运输路径优化和车辆编组优化。根据运输的路线和编组方式自动计算车辆的运输费用，跟踪每辆车的在途情况，自动计算车辆运输限定的到达日期和返回日期，并可对未返回的车辆进行预警，及发现问题，提高了运输管理的科学性。

（3）汽车生产过程信息识别的物流管理。在生产车间可通过 RFID 或条形码扫描实现汽车生产各个环节的管理。通过在生产在线的扣料区采用信息识别技术，并通过读取器或条形码扫描对半成品、原材料实现自动扣料和自动生成拉料建议。

(4) 为汽车生产商提供生产计划及采购管理。月计划、日计划，系统允许随时调整计划，并可进行计划模拟，保证计划的可行性。月计划、日计划可分配为装配进度计划、原料供应计划等。可根据当前维护的销售订单，自动生成计划安排生产。

利用信息管理系统，可以加大订单处理能力，缩短对客户需求的反应时间，进行直接到户的点到点配送；可以大大降低车辆的空驶率，缩短从订货到送货的时间周期，实现商品的快速支付，提高客户的满足度；还可以对在途物资进行实时监控，及时处理配送过程中的意外事故，保证物资及时、安全送达目的地。

第三方汽车物流的信息化改造的内容很多，新的物流信息技术也不断发展。信息技术活动会影响价值活动，或容许企业改变竞争规模而获得竞争优势。只有在物流技术上创新才能满足汽车生产企业的需求，应及时把握其信息化发展趋势，将信息化建成设放在重要的位置上优先考虑发展，这样才能增强自身的竞争力，才能跟随汽车工业的发展而不断壮大。

（七）利用过渡性资源拓展物流金融服务

本书中，过渡性资源是指第三方物流企业承担了零部件供应商或汽车生产企业的仓储保管业务，在仓库中不断周转并保持一定量储备的物品，这些物品本身是物流资源。

物流金融是指在供应链业务活动中，运用金融工具使物流产生的价值增值的融资活动。以物流运作为起点，综合发展信用担保、电子商务、传统商业的服务平台。第三方汽车物流企业依托所掌握的过渡性资源，把这些资源用活用好，可以有效增加供应链上各方的价值利益。

汽车物流中过渡性资源应以保质期长、易于保管、价值高、不易贬值、体积适中的产品为主。以汽车发动机、发电机、轮胎等，以轮胎为例，由于汽车生产厂家的轮胎需求计划、数量，库存轮胎的规格型号、质量、原价和净值、销售区域等情况比较固定，可由第三方物流企业作为担保方进行操作，进行仓单质押、担保、垫资等模式开展业务。

第三方汽车物流企业利用过渡性资源开展物流金融服务，可以减少客户交易成本，对金融机构而言可降低信息不对称产生的风险，可成为客户与金融机构的“黏结剂”，而且可以成为企业开展增值业务的一种模式。

例如，目前汽车生产企业零部件订货主要以自有资金和自我操作来完成，可以把一部分订货的权利交给第三方物流，按汽车生产的年计划、月计划、周计划需求，由第三方物流按计划向零部件供应商取货，在取货时，物流企业先将一部分钱付给零部件供应商，一部分仓单质押，货到收款后再一并结清。既可消除零部件厂商资金积压的困扰，又可让买家卖家两头放心。资金可由银行提供，如果物流企业自有资金充足的话也可由物流企业全部垫资。

利用过渡性资源开展物流金融服务的可行性，主要表现在以下三方面。

（1）供应链上的企业资金上的需要。汽车生产过程物流占了90%以上，商品车从原材料、零部件、组装制造、到最终消费者手中的整个供应链过程中都存在着大量的库存，而存货占用的大量资金使得企业可能处于流动资金不足的困境。利用过渡性资源进行融资，能解决第三方汽车物流企业资金短缺和开展更大规模业务和提供增值服务的需要。

（2）降低资金需求方的融资成本。第三方汽车物流企业如果有充足的资金，可以延供应链上游向供应商提供物流金融业务，通过提供物流金融业务“粘”住客户获得长期的业务，同时也降低资金需求方的融资成本。

（3）获取新的竞争优势的需要。现代物流强调供应链管理和供应链环节的整合，物流金融业务使得第三方汽车物流企业得以控制汽车生产全程供应链，保证汽车零部件及商品车的运输、仓储、配送等服务质量。开展物流金融服务可从物的处理提升到物的附加值方案管理，提供金融融资的第三方汽车物流企业在客户心中的地位会大幅度提高，物流金融将有助于形成第三方汽车物流企业形成自己的竞争优势。

（八）从节点物流迈向供应链管理，提升竞争力

当前第三方物流不管是专注于商品车运输，还是零部件仓储、配送，都属于整个汽车供应链环节中的一个节点，应注重在做专某一专项业务的同时，向更高层次的供应链管理迈进。

供应链管理强调核心企业与相关企业的协作关系，通过信息共享、技术交流与合作、资源优化配置和有效的价值链激励机制等方法体现经营一体化。

第三方汽车物流企业将所提供的各项服务和用户纳入管理范围，并作为物流管理的一项重要内容。要求从系统观点出发，通过对从原料、半成品和成品的生产、供应、销售直到最终消费者的整个过程中物流与资金流、信息流的协调，以此来满足顾客的需要。同时，建立和发展与供应商和用户的合作关系，形成联合力量赢得竞争优势。

从节点物流向供应链管理过渡的主要内容与方法如下。

第一，通过相互参股建立供应链战略同盟，把企业化为整体供应链的一部分，按照每位客户的要求为其提供最大价值的同时，使供应链的总利润最大化。例如，汽车零部件出口企业的产品只按出厂价格交给第三方汽车物流企业，由其代为对出口产品的包装、报关、运输、结汇、结算及到达目的地过程中所有事项。这些工作可由第三方汽车物流企业组织各环节相关单位完成，而从中获取中介服务费。

第二，为上游供应商与下游客户之间相同业务的合并管理。如为汽车生产企业运输轮胎、为轮胎厂运输原材料，沿着这条供应链延伸。发挥各自企

业其核心业务，做所擅长的有明显优势的业务。

第三，通过同一行业中多个企业在物流方面的合作而获得规模经济效益和物流效率。例如，不同的企业可以用同样的装运方式进行不同类型商品的共同运输。对汽车轮胎生产企业点的运输和区域零售商店的运输。

第四，建立物流网络的供应链管理。当物流每个环节同时又是其他一体化物流系统的组成部分时，以物流为联系的企业关系就会形成一个物流网络。如第三方汽车物流建立某一范围的运输干线，为区域内企业服务，物流资源的互相利用，使之成为一个生产企业和物流企业多方位、纵横交叉、互相渗透的协作有机体。

第五，开展过渡性资源的物流金融服务。

第六，有信息化解决方案的企业，还可为供应链上企业提供信息化服务，并借此深入内部物流运作。

第七，代客户结算货款，利用所掌握的过渡性资源等，与金融机构合作，为供应链环节客户提供货款结算业务，收取合理的结算费用。

第八，开展以利于资源整合、扩大业务范围和领域为目标的虚似物流服务。战略是由独特而有价值的定位创造出来的，它涉及一连串不同的活动。第三方汽车物流企业可以依托竞争战略在供应链上创造新的价值，使企业的发展有新的动因和增长点，整个汽车物流成本会由此大幅度的下降。

参考文献

艾于生,2012.供应链管理[M].广州:广东经济出版社.

白慧.中小民营企业进入物流市场的机会分析.http://www.jctrans.com.

白津夫,2013.核心竞争力理论与战略问题[J].学习与探索(1).

彼得·德鲁克,2011.创新与企业家精神[M].北京:企业管理出版社.

陈兵兵,2014.供应链管理[M].北京:电子工业出版社.

陈海秋,2014.企业竞争力的评价方法与指标体系研究述评[J].学海(1).

陈佳贵,2012.培育和发展具有核心竞争力的大公司和大企业集团[J].中国工业经济(2).

陈建文,2014.中国汽车物流企业建立高效的汽车物流体系是当务之急[J].中国汽车报(10).

陈煜,秦俭,2015.物流企业增值服务模式探讨[J].商场现代化(10).

陈志,2014.科技型企业核心竞争研究[M].北京:中国科学技术出版社.

戴勇,2012.国外第三方物流的产业比较和特点[J].物流科技(3).

邓修权,2013.核心能力构成要素的调查分析——基于中国期刊全文数据库[J].科研管理(2).

杜纲,程继川等,2012.企业核心竞争能力分析及评价方法研究[J].天津大学学报(1).

范微,2012.核心竞争力——基于知识资本的核心竞争力[M].上海:上海交通大学出版社.

范宪,2016.企业核心竞争力——动态球论模型剖析[M].上海:上海交通大学出版社.

符向东,2012.传统物流企业向第三方物流企业转化的途径[J].中国物资流通(17).

管益忻,2013.论企业核心竞争[M].北京:中国经济出版社.

郭斌,蔡宁,2011.企业核心竞争力审计:指标体系测度方法[J].系统工程理论与实践(9).

韩士龙,2014.供应链管理下的汽车物流研究[J].汽车工业研究(6).

洪华,李锦飞,2011.论第三方物流及其在中国的发展[J].经济管理(10).

胡恩华,单红梅,2014.企业核心竞争力的识别与综合模糊评价[J].系统工程(1).

黄继刚,2014.核心竞争力的动态管理[M].北京:经济管理出版社.

黄津孚,2011.资源、能力与核心竞争力[J].经济管理(20).

康荣平,柯银斌,2015.核心能力论在中国的应用[J].科研管理(5).

李桂艳,2014.第三方物流发展中存在的的问题及对策[J].物流科技(1).

李辉华,2012.现代物流的发展方向和特征[J].世界汽车(3).

李建明,2011.企业核心能力[M].北京:法律出版社.

李品媛,2012.企业核心竞争力研究——理论与实证分析[M].北京:经济与科学出版社.

李品媛,2013.基于核心竞争力的企业多元化战略模式分析[J].内经问题研究(12).

李洋升,2013.台湾电子厂商核心专长与竞争策略之研究[D].花莲:台湾东华大学国际企业管理研究所.

李友俊,康喜兰,2012.企业竞争力的模糊评价[J].大庆石油学院学报(1).

李正中,韩智勇,2011.企业核心竞争力:理论起源与内涵[J].经济理论与管理(70).

李纵,2012.我国物流业产业组织现状分析[J].商品储运与养护(8).

梁能,2014.跨国经营论[M].上海:上海人民出版社.

林薇,刘丽文,2015.解析汽车物流企业的关键成功因素[J].商业时代(35).

刘世锦,2014.核心竞争力企业重组中的一个新概念[J].中国工业经济(2).

刘雪,2012.构建中国物流发展的竞争战略[J].中国流通经济(11).

龙少良,2014.中国汽车物流纵横谈[J].新物流,2014(3).

龙少良.中国汽车物流的现状与发展前景.中国物流采购协会 http://www.Chinawuliu.com.cn.

陆其伟,2013.汽车运输降低采购成本提升竞争力[J].交通财会(8).

陆伟华,2013.略论跨国并购的经济增长效应[J].企业经济(12).

吕洁华,2015.高新技术企业核心竞争力研究[D].哈尔滨:东北林业大学.

骆温平,2013.第三方物流:理论、操作与案例[M].上海:上海社会科学院出版社,2013.

马庆国,2012.管理统计:数据采集,统计原理,SPSS 工具与应用研究[M].北京:科学出版社.

迈克尔·波特,1979.竞争力量如何影响战略[J].哈佛商业评论.

迈克尔·波特,2013.竞争论[M].高登第,李明轩,译.北京:中信出版社.

迈克尔·波特,2015.竞争优势[M]. 陈小悦,译.北京:华夏出版社.

迈克尔·格伯,2005.企业家迷信[M].北京:新华出版社.

宁建新,2012.我国企业核心竞争力的组合与构建[J].经济管理(12).

牛鱼龙,2015.第三方物流模式与运作[M].深圳:海天出版社.

钱德勒,2012.战略与结构[M].昆明:云南人民出版社,2012.

钱媛,2016.企业竞争力评价方法及其应用[J].时代经贸,2016(10).

乔均,2014.企业核心竞争力研究——基于江苏沿江企业实证分析报告[M].成都:西南财经大学出版社.

冉敬雯,2014.第四方物流整合供应链[J].商业研究(6).

赛迪数据.http://www.cciddata.com/sales/report/nd.jsp.

史邦臣,2013.中国物流市场现状全方位揭示[J].商贸经济(2).

史培华,2013.资源整合降低汽车物流成本[J].中国商报(3).

斯蒂芬·P.罗宾斯,2014.管理学[M].北京:中国人民大学出版社.

孙嘉琪,2014.组织学习、组织创新与企业核心竞争优势关系之研究——以台湾发光二极管产业为例[D].衡阳:南华大学.

汤姆森,2012.战略管理概念与案例[M]. 段盛华,译.北京:北京大学出版社.

田莉,2011.论企业核心竞争力[J].安庆师范学院学报(2).

田宇,朱道立,2015.第三方物流研究[J].物流技术(3).

涂洪波,2013.我国第三方物流发展面临的问题及对策[J].科技进步管理(9).

王槐林,杨阳,2013.中国第三方物流现状与发展模式[J].物流技术(8).

王丽萍,李创,汤兵勇,2015.国内产业国际竞争力评价研究综述[J].天府新论(1).

王沁,2011.美国物流发展状况及趋势[J].国际经贸消息(2).

王世伟,2012.制约我国第三方物流发展的因子分析[J].商品储运与养护(8).

王焰,高明花,2014.日美第三方物流业的对比及发展[J].商品储运与养护(8).

王毅,陈劲,许庆瑞,2012.企业核心能力:理论溯源与逻辑结构剖析[J].管理科学学报(9).

王玉英,刘树艳,2014.现代物流企业物流成本管理思考[J].企业经济(5).

魏俊奎,2015.论现代企业物流管理创新[J].现代管理科学(11).吴价宝,2015.企业核心能力形成机理及应用研究[M].南京:东南大学出版社.
吴建南,李怀祖,2014.论企业核心竞争力[J].经济理论与经济管理(1).
项保华,2015.竞争优势[M].北京:华夏出版社.
项国鹏,汪良军,2011.知识视角的企业核心竞争力[J].外国经济与管理(3).
杨晓雁,2014.第三方物流中国现代物流产业发展的突破点[J].国际商务研究(1).
杨卸林,2013.核心竞争力与多元化经[J].中外管理(2).
叶明海,2013.国内汽车产业第三方物流研究[J].汽车工程(5).
叶迎春,2013.组织文化力量评价指标研究及实证分析[J].江苏企业管理(6).
曾亚强,2012.物流业从第三方到第四方的发展[J].企业经济(2).
张光明,赵锡斌,2013.基于物流的竞争优势战略选择[J].中国流通经济(5).
张石森,2013.哈佛商学院核心竞争力全书[M].北京:中国财政经济出版社.
张顺义,2013.第三方物流的运作模式及经营策略[J].交通科技(6).
张阳,2013.增强第三方物流企业的核心竞争力[J].内蒙古科技与经济(11).
张余华,2014.欧美日第三方物流的发展与我国的借鉴[J].国际经贸探索(6).
赵铁青,2014.浅谈多角化经营与企业核心竞争力[J].财经理论与实践(11).
赵扬,2013.中国物流蓝皮书[M].贵州:贵州人民出版社.
郑永忠,2012.大型医院组织文化、组织运作、经营管理及经营绩效之关系研究[D].台南:台湾成功大学企业管理研究所.
中国企业信息网.中国企业创新竞争力评价指标体系.http://www.Ccef.cn.
中国汽车工业协会信息网. http://www.caam.org.cn/caam/caam.web/detail.asp,汽车统计信息网汽车摩托车历年统计资料专栏.
周三多,郭统钎,2012.战略管理思想史[M].上海:复旦大学出版.
邹静,2014,陈百建.现代物流基本理论[M].北京:化学工业出版社.
Barney J B,2005.Firm Resources and Sustained Competitive Advantage[J].Journal of Managemnt,17(1).
Christine Oliver,2004.Sustainable Competitive Advantage:Combinning Institutional and Resouce-based Views[J].Strategic Management Joumal,18(9).

Churchill G A, Peter J P, 2001. Research Design Effects on the Reliability of Rating Scales[J]. Journal of Marketing Research(11).

Faulkner D, Bowman C, 2004. The Essences of Competitive Strategy[M]. UK: Prentice Hall International.

Frohman M A, Sung T C, Morris A J, 2005. Phospholipase D structure and Regulation. In: Daniels, L. (Ed.), Phospholipase D. Landes, Georgetown.

Gallon, Mark R, Stillman, Haroid M, 2005. Coates, David: Putting Core Competence Thinking into Practice[J]. Research Technology Management(3).

Hamel G, 2004. The Concept of Core Competence, Competence – based Competition [J]. West Susses: Wiley.

James M, Utterback William J, Abernathy, 2001. A Dynamic Model of Product and Process Innovation[J]. Omega, 3 (6).

Kohli A, Jaworski, Bernard, 2000. Market Orientation: The Construct, Research Propositions, and Managerial Implications[J]. Journal of Marketing, 54(2).

Kumar K, Subramanian R, Yauger C, 2008. Examing the Market Orientation–Performance Relationship: a Context–specific Study[J]. Journal of Management, 24(2).

Leonard– Barton D, 2004. How to Integrate Work and Deepen Expertise [J]. Harvard Business Review(9).

Leonard– Barton D, 2012. Cors Capabilities and Core Rigidities: A Paradox in Managing New Product Development[J]. Strategic Management Journal(13).

Narver, Slater J, 2005. Market orientation and the learning organization[J]. Journal of Marketing, 59(3).

Nunnally J C, 2002. Psychology theory[M]. New York: Mc Graw–Hill.

Owen H, 2001. Riding the Tiger: Doing Businss in a Transforming World[J]. Abbott, Potomac, M D.

O'Reilly III C A, Chatman J, Caldwell D F, 2001. People and Organizational Culture: a Profile Comparison Approach to Assessing Person–organization Fit[J]. Acad Manage, 34(3).

Patel par Pavitt, Keith, 2007. The Technological Competencies of the Worlds Largest Firm: Complex and Path-Dependent, but Not Much Variety[J].Research Policy(26).

Pettigrew T,2009. The ultimate attribution error: extending Allport's cognitive analysis of prejudice[J]. Personality and Social Psychology Bulletin,5:461-476.

Prahalad C K,Hamel G,2000. The Competence of the Corporation[J].Harvard Business Review(5).

Prahalad C K,Hamel G,2003.The Core Competence of the Corporation[J]. Harvard Business Review(3).

Shapiro C,Varian H,2008. Versioning: The smart way to sell information[J]. Harvard Business Review(6).

Slater S, Narver J,2010. Market orientation and the learning organization[J]. Journal of Marketing,59(3).

附　录

附录一　第三方物流服务需求访谈纲要

尊敬的女士/先生：

您好！非常感谢您在百忙之中接受我的访谈。

这是一份对第三方汽车物流企业核心竞争力及影响因素的调查问卷，本问卷主要的目的是想了解目前第三方汽车物流企业的核心能力识别与培育，您所提供的信息对我的研究非常有帮助。本次访谈所收集到的信息只用于学术用途，请您在访谈过程种尽量展示您的真实想法，以便我能通过您提供的数据得出准确的结论。

再次感谢您的合作与支持！

感谢您的支持与合作，祝万事如意！

第三方汽车物流服务需求调查访谈纲要

1. 贵公司对第三方物流服务商的服务需求：（　　）。

（A）运输的门对门服务　（B）货物中转寄存　（C）分拣与重新包装　（D）重新标识　（E）配送上线　（F）代理质量交涉　（G）代办交货手续　（H）提供废品回收物流　（I）提供包装及可周转料架返回服务

(J) 网络运输跟踪及系统库存信息查询 (H) 其他__________

2. 货物条型码应用情况：( )。

(A) 全部零件使用 (B) 部分零件使用 (C) 正在计划中

(D) 无计划使用

3. 贵公司倾向的发货方式：( )。

(A) 严格按厂方订单发货 (B) 按运输经济批量发货

4. 发货频次：( )。

(A) 按月发货 (B) 按旬发货 (C) 按周发货 (D) 按日发货

(E) 其他__________

5. 贵公司发货区可停放大型运输车辆型号：( )。

(A) 大型（15 吨以上） (B) 中型（10 吨） (C) 小型（5 吨以下）

6. 贵公司是否限定发货时间窗口：( )。

(A) 是 (B) 否 (C) 发货窗口时间__________

7. 贵公司的发货区域分布：( )。

(A) 集中的发货区

(B) 同城小于 2 千米的分布式发货区

(C) 同城大于 2 千米的分布式发货区

(D) 异地分布式发货区

8. 发货区装卸方式：( )。

(A) 人力装卸 (B) 叉车+升降装卸平台 (C) 行车吊装

(D) 人力+机械辅助

9. 现在运输方式：( )。

(A) 自运 (B) 对方自提 (C) 外包 (D) 合作联运

10. 贵公司期望的运输车辆类型：( )。

(A) 集装箱运输 (B) 货柜车运输

（C）特种车（保温/危险品专用车等运输）（D）无限定

11. 现货物到汽车生产企业的运输模式：（　　）。

（A）公路　（B）铁路　（C）船运　（D）公路、铁路、水运联运

（E）其他

12. 贵公司在最终目的地现有的仓储情况：（　　）。

（A）租借　（B）自有　（C）希望进入专业的配送仓库

（D）无需要

13. 贵公司在汽车生产企业所在地是否有办事处：（　　）。

（A）设有　（B）没有　（C）准备设立　（D）没计划设立

14. 不格品的回收处理：（　　）。

（A）自行回收处理　（B）委托第三方处理　（C）由厂方销毁

15. 不合格品回收处理前的检查和测试：（　　）。

（A）在本地的第三方机构检测　（B）送回供应商处检测

（C）委托异地的第三方检测

16. 包装物及料架是否回收使用：（　　）。

（A）仅回收　（B）回收且需定期维护料架　（C）不回收

17. 本企业网络及计算机技术应用情况：（　　）。

（A）有自己的网站，专人维护、可进行信息更新

（B）有专门的网络应用平台、电子邮箱、企业内部实现联网

（C）有计算机软件辅助日常内部管理，如进、销、存等系统

（D）有与业务往来企业通过网络进行共享

（E）没有互联网应用

18. 贵公司所期望的其他综合物流增值服务需求：（　　）。

（A）有　（B）正在考虑　（C）没有

附录二　第三方汽车物流企业调查问卷

尊敬的女士/先生：

您好！

这是一份对第三方汽车物流企业核心竞争力及影响因素的调查问卷，本问卷主要的目的是想了解目前第三方汽车物流企业的核心竞争力及影响因素，并探索组织文化、市场导向、组织创新、人力资源因素与第三方汽车务求企业的核能能力。回答也绝无对错之分，请您根据自己的真实看法，在选定的数字上打“√”。笔者保证您提供的数据数据将仅供学术研究参考。

感谢您的支持与合作，祝万事如意！

题号	题目	对认可程度打分
一、企业文化：		
	（一）团队精神型：以团队方式做决策，强调集体绩效，由团队共同追求组织目标	
1	各部门目标与公司目标相结合	1　2　3　4　5
2	公司同事之间团结合作	1　2　3　4　5
3	积极进取，有不畏困难，向困难挑战的精神成为公司主流	1　2　3　4　5
	（二）严格监督型：组织中档规定有确，奖罚分明	
4	公司在执行工作前会先清楚说明要求事项	1　2　3　4　5
5	主管重视监督各项工作的进度与质量程度	1　2　3　4　5
6	确实执行工作成果好坏的奖赏与惩处	1　2　3　4　5
	（三）创新型：鼓励创新，掌握市场先机	
7	公司鼓励同仁多发表新观念	1　2　3　4　5
8	不断引进新管理方式，以保持组织活力	1　2　3　4　5

续表

题号	题目	对认可程度打分
二、组织创新		
（一）管理创新：指组织中规划、组织、用人、领导、控制与服务等领域作业上的创新		
9	注重引进现代物流理念与新的管理知识	1 2 3 4 5
10	管理上的调整使同事充分发挥能力而且士气高昂	1 2 3 4 5
11	常会事先妥善规划未来的新发展	1 2 3 4 5
12	公司的营运计划大部分是整合各部门新的观点	1 2 3 4 5
13	注重调整组织各职位的责任与权利	1 2 3 4 5
14	经常配合环境的变动变更各部门的工作职务	1 2 3 4 5
15	主管以开明领导方式带领部属发挥团队能力	1 2 3 4 5
16	重视部门及员工之间的沟通协调使工作和谐顺利	1 2 3 4 5
（二）技术创新：指组织所提供的专业化服务产品、信息技术的内部应用、信息系统与汽车生产企业供应链管理信息互联等方面的方面创新		
17	公司重视技术新知识的收集与教育训练	1 2 3 4 5
18	重视对适合汽车产业特点的专业化服务产品的研究开发	1 2 3 4 5
19	有相当高的利润是来自新开发的增值服务	1 2 3 4 5
20	注重引进现代信息技术手段并为客户提供增值服务	1 2 3 4 5
三、组织核心竞争力		
（一）策略运营能力		
21	以愿景作为引导团队努力的方向	1 2 3 4 5
22	企业内部跨部门的沟通、参与、互动运作顺畅	1 2 3 4 5
23	能有效整合汽车物流行业及企业内部各种不同专门技术与资源	1 2 3 4 5
24	有同行业竞争者难以仿效的特别能力	1 2 3 4 5
（二）物流网络资源能力		
25	拥有较广的自建物流服务网络或与合作伙伴共享的物流网络资源	1 2 3 4 5
26	拥有雄厚的财务资源使营运进行顺利	1 2 3 4 5

续表

题号	题目	对认可程度打分
27	与汽车零部件供应商有长期良好的合作关系	1 2 3 4 5
28	与所服务的汽车生产供应链企业有良好的合作关系	1 2 3 4 5
29	与所服务的汽车生产企业形成战略合作伙伴关系	1 2 3 4 5
（三）营销配送能力		
30	企业的服务及服务价格受到市场的认同	1 2 3 4 5
31	企业多设营销据点较为贴近顾客	1 2 3 4 5
32	企业具备高效率的汽车零部件入厂物流及商品车销售物流系统	1 2 3 4 5
33	企业服务质量稳定与服务响应快速	1 2 3 4 5

四、市场导向：组织对目标市场能够充分的了解，了解汽车产业对第三方物流服务的现实需求与潜在需求

（一）顾客导向：目标是依据顾客需求及满意度而定的

34	密切注意及评估汽车生产企业现实需求与潜在需求	1 2 3 4 5
35	竞争优势是基于对汽车生产企业专业化服务需求的了解	1 2 3 4 5
36	经营策略是以增加顾客价值为目标而定的	1 2 3 4 5
37	经常衡量顾客的满意度	1 2 3 4 5
（二）竞争者导向：组织对竞争者优缺点及产品策略有所了解		
38	会快速的响应竞争者的行动	1 2 3 4 5
39	高层经常讨论竞争者所具有的优势及劣势	1 2 3 4 5
40	有机会拥有竞争优势时就能锁定目标顾客	1 2 3 4 5

您的个人信息

1. 性别：□男　□女

2. 年龄：□25 岁及以下　□26 岁到 30 岁　□31 岁到 35 岁

　□36 岁到 40 岁　□41 岁到 45 岁　□46 岁到 50 岁

　□51 岁到 55 岁　□55 岁以上

3. 教育程度：□博士或以上　□硕士　□本科　□专科以下

4. 单位工龄：□1 年及以下　□2~3 年　□4~6 年　□6~9 年
□10~12 年　□13 年及以上

5. 职务级别：□高层管理人员　□中层管理人员　□基层管理人员
□其他

6. 单位性质：□国有企业　□民营企业　□中外合资企业　□其他

7. 受访公司成立年数：□4~6 年　□7~9 年　□10~12 年　□13~15 年
□16~20 年　□21~25 年　□20 年及以上

8. 受访公司人员人数：□50 人及以下　□51~100 人　□101~200 人
□201~300 人　□301~500 人　□501~1000 人
□1001~2000 人　□2000 人以上

非常感谢您的支持与合作！